Terrence Webster-Doyle

Im Zentrum des Wirbelsturms

Erzählungen der Meister der Leeren Hand

Ansata-Verlag
Rosenstraße 24
CH–3800 Interlaken
Schweiz
1994

Aus dem Amerikanischen von Wolfgang Höhn

Titel der Originalausgabe:
EYE OF THE HURRICANE
Tales of the Empty-Handed Masters
Originally published by Atrium Publications,
P. O. Box 816, Middlebury, VT 05753, USA
Copyright © 1992 by Terrence Webster-Doyle

Deutsche Ausgabe:
Copyright © 1994 by Ansata-Verlag, Interlaken
Alle Rechte vorbehalten
Illustrationen: Rod Cameron
Satz: Satzcentrum Jung GmbH, Lahnau
Druck: Kösel GmbH & Co., Kempten/Allgäu
ISBN 3-7157-0176-5

Inhalt

Liebe Leserin, lieber Leser 9

Liebe Schülerin, lieber Schüler 11

Was ist das? Ein Rätsel 13

Die leere Tasse 15

Im Zentrum des Wirbelsturms 17

Der Eimer eines Kriegers 23

Die Zeit steht still 28

Die hungrigen Tiger 35

Die Prüfung mit dem wilden Pferd 39

Das Wunder der Kampfkunst 43

Der Himmel in einer wilden Blume 45

Die Lektion von der Leerheit 50

Das leere Boot 55

Alltägliches kara-te 60

Gewinnen durch Verlieren 63

Des Messers Schneide 66

Schwarzgurt für einen Tag 71

Die einfache Lehre des Wassers 77

Ein Treffen – eine Chance 84

Wer ist der Gegner? 90

Holz hacken, Wasser holen 96

Auf Leben und Tod 102

Des Rätsels Lösung 111

An die jungen Leser 118

An die erwachsenen Leser 121

Über den Autor 123

Über den Künstler 124

Japanische Fachausdrücke 125

Wie ein polierter Spiegel alles, was vor ihm erscheint, widergibt und ein stilles Tal den leisesten Klang weiterträgt, so muß der Karate-Schüler seinen Geist von Selbstsucht frei machen. Denn nur dann ist er in der Lage, auf alles, was ihm begegnet, angemessen zu reagieren. Dies ist die wahre Bedeutung von ‹KARA› oder ‹leer› im Karate.

Gichin FUNAKOSHI
(Vater des modernen Karate-do)

Liebe Leserin, lieber Leser,

ich habe diese ‹Erzählungen der Meister der Leeren Hand› geschrieben, um die allen Kampfkunst-Stilen gemeinsamen Formen, Vorstellungen und Gefühle darzustellen. Da ich vom japanischen Karate herkomme, habe ich auch bestimmte japanische Ausdrücke wie *kiai, hara, hakama* und *gi* [Erklärung siehe Seite 125] benutzt – nicht aus mangelnder Achtung vor den anderen Kampfkünsten, sondern einfach, weil mir diese Ausdrücke vertraut sind. Sie werden bemerken, daß diese Geschichten einen allumfassenden Sinn haben und daher für alle, die Kampfkunst üben, unabhängig von ihrer eigenen Disziplin, von Bedeutung sind.

Liebe Schülerin, lieber Schüler,

mache dich bereit für das größte Abenteuer in den Kampfkünsten, das Abenteuer, dich selbst kennenzulernen! Die folgenden Seiten bringen Geschichten über die Meister der Leeren Hand und die Kunst des *kara-te,* die Kunst des ‹Leeren Ich›*. Die Kunst des Leeren Ich ist das Hauptziel aller Kampfkünste; sie muß verstanden werden, wenn man wirklich ein Meister der Leeren Hand sein will.

Ich möchte dir jetzt noch nicht zuviel verraten. Ich werde mich am Ende dieses Buches wieder an dich wenden. Jetzt will ich dir nur einen Hinweis geben, einen Schlüssel zur Bedeutung der einfachen, aber tiefsinnigen Geschichten, die nun folgen.

So, hier kommt ein Rätsel, über das du nachdenken solltest . . .

---

* Der englische Begriff ‹Empty Self› wurde mit ‹Leeres Ich› übersetzt, was ihn unserer Ansicht nach für junge Leser leichter verständlich macht als der psychologisch und philosophisch überfrachtete Begriff ‹Leeres Selbst›. (Anmerkung des Übersetzers)

Was ist das . . .

Du kannst es nicht sehen, wenn du schaust,
du kannst es nicht hören, wenn du lauschst,
du kannst es nicht halten, wenn du greifst,
es schweigt, wenn du sprichst,
es spricht, wenn du schweigst,
und haben kannst du es nur,
wenn du es nicht willst?

Bist du bereit?
Finden wir es heraus!

Die leere Tasse

Eines Tages besuchte eine berühmte und angesehene Professorin zwei große und weise Meister der Kampfkunst.

«Ich bin von weit her gekommen, um Sie beide zu treffen, denn ich habe gehört, daß Sie große Meister des *kara-te,* der Kunst des Leeren Ich, sind. Ich habe jahrelang eifrig studiert, um den Kern Ihrer Lehren zu verstehen. Können Sie mir erklären, was *kara-te,* das Leere Ich, bedeutet und wie es der Welt Frieden bringen kann? Was ist das Geheimnis dieser Leere?»

Der ältere der beiden Meister servierte gerade Tee, als die Professorin sprach. Er schenkte die Tasse der Besucherin voll und schenkte immer weiter ein, bis der Tee über den Rand lief und vom Tisch auf den Fußboden tropfte.

Die Professorin schaute zu, wie die Tasse überlief, bis sie sich nicht mehr beherrschen konnte. «Die Tasse ist doch voll», rief sie aus, «da geht nichts mehr rein!»

«Wie diese Tasse», sagte der Meister, «so ist auch Ihr Geist mit Fragen angefüllt und sucht nach Antworten. Solange Sie Ihre Tasse nicht leer machen, geht nichts mehr hinein. Genauso ist es mit Ihrem Geist: Sie können nichts aufnehmen, solange Sie ihn nicht leer machen.»

Unmöglich ist es, die Leerheit anzugreifen
oder aus der Leerheit heraus anzugreifen.

Im Zentrum des Wirbelsturms

Warm war die Nacht. Der Mond war gerade hinter einer Wolke verschwunden, die sein Licht eine Zeitlang verdunkelte. Der Junge konnte spüren, wie seine Haare im Nacken zu Berge standen und eine Gänsehaut seinen Körper überlief. Angespannt starrte er in den dunklen Wald. Er spürte, daß dort irgend etwas auf ihn lauerte, um ihn anzugreifen. Als die Nacht noch dunkler wurde, wurden die Grillen seltsam ruhig. Das Herz schlug ihm bis zum Hals, und seine Hände schwitzten. Wilde Gedanken schossen ihm durch den Kopf. *Soll ich davonrennen, oder soll ich hierbleiben und kämpfen? Von wo wird der Angriff kommen?*

Der Junge gelangte an den Rand einer kleinen Lichtung, auf eine Wiese, die sich sanft nach unten zu einem Fluß senkte. Da fielen ihm die Worte seines Lehrers ein: «Das Wichtigste ist es, etwas über dich selbst zu lernen. Du wirst ständig geprüft werden. Du wirst all deine Kampfkunst-Techniken brauchen, und vor allem mußt du die tiefe Bedeutung aller Kampfkünste verstehen, das Leere Ich. Wenn du das begreifst, wirst du im Auge des Taifuns leben, dort, wo dir niemand schaden kann.»

Die Wolke zog vorbei, und der Mond schien so hell, daß er überall Schatten warf. Der Junge bemerkte, wie zwei flüchtige Schatten über die Wiese huschten, um in der Dunkelheit der hohen Kiefern auf der anderen Seite zu verschwinden. Dann erscholl ein furchtbarer Schrei: *«KIAI!»* Darauf Stille. Er ahnte eine Bewegung unter den Bäumen am Rand der Wiese entlang. Er war sicher, daß etwas auf ihn zuschlich. Seine Muskeln spannten sich an, und er fühlte sich benommen. Der Junge merkte, wie wichtig diese Prüfung war. Eine Flut von Gedanken und Gefühlen wirbelten durch seinen Kopf. Er wollte losstürmen und die Angreifer auf der Wiese offen herausfordern. Zugleich wollte er aber zurück ins Lager fliehen.

Sei ruhig! Beobachte deine Gedanken; schau, wie sie herumhüpfen wie ein Affe!

Schau, wie sie deinen Geist trüben und verwirren! Er erinnerte sich an diese Worte, die ihm sein Meister zur Vorbereitung auf diese Prüfung mitgegeben hatte. *Deine Gedanken sind wie das Wellengekräusel auf einem stillen Teich. Du kannst nicht klar handeln, wenn dein Geist so geschäftig ist und ständig hin und her rennt. Konzentriere dich auf deinen Atem! Zähle die Atemzüge! Beruhige den Geist und halte inne – schaue – und höre! Dann lenke deine Aufmerksamkeit nach außen auf das, was um dich herum vorgeht!*

Als der Junge seine Augen schloß, spürte er, wie müde sie vom Starren ins Dunkel waren. Sein Atem kam in schnellen und kurzen Stößen aus seiner Brust. Er atmete einmal tief ein und füllte sein *hara* mit Luft. Ein, zwei, drei tiefe Atemzüge. Langsam zählte er sie, während er wachsam auf die Geräusche des Waldes hörte. Der Junge bemerkte, daß er wachsamer war, wenn er die Augen geschlossen hielt und tief in den Bauch atmete. Allmählich wurde sein Geist ruhiger, seine Muskeln entspannten sich, und die Nacht zeigte sich von einer freundlicheren Seite. Als er so allein in der Dunkelheit stand, dem Atem folgte und auf die leisesten Geräusche um sich herum lauschte, fühlte er sich ganz ruhig – so, wie es wohl im Zentrum eines Wirbelsturms sein müßte. Er konnte die Kiefern und den Tau auf der Erde riechen und spürte die kühle Luft auf seiner Haut. Die Dunkelheit war nicht länger sein Feind. Sie umhüllte ihn.

Langsam hob der Junge sein Bambusschwert und ging in Bereitschaftsstellung, in der er ruhig auf alles, was da kommen könnte, wartete. Da waren keine Furcht, keine Anspannung, keine rasenden Gedanken mehr. Langsam öffnete er seine Augen. Der Vollmond tauchte alles, was ihm in den Weg kam, in einen gleichmäßigen hellen Schein. Ununterbrochen strömte der Fluß gemächlich dahin; das silberne Mondlicht tanzte auf dem Wasser. Der Körper des Jungen war wach und bereit – ohne an Angriff oder Abwehr zu denken. Nichts als reglose Stille im Wald.

Die Arme hoch über den Kopf gestreckt, trat der Schüler seinen Angreifern entgegen. Beide tauchten aus den Bäumen auf, mit erhobenen Bambusschwertern. Schnell näherten sie sich ihm von beiden Seiten. Dann blieben sie plötzlich stehen – und für eine Zeit, die ewig zu dauern schien, standen alle drei mit hoch erhobenen Schwertern da, so natürlich wie die Kiefern mit ihren Ästen, die sich nach oben ins Mondlicht streckten. Ohne Anstrengung – ein endloser Augenblick jenseits der Zeit. Wie Blätter, die vom Baum fallen, so senkten die Lehrer schließlich ihre Schwerter und verbeugten sich vor ihrem Schüler. Das Schwert des Schülers senkte sich wie eine große verebbende Welle, und auch er verbeugte sich. Im Schweigen wußten alle drei, daß die Prüfung zu Ende war. Es gab keine Gewinner oder Verlierer. Nur den Wald, den Mond und das fließende Wasser. Ohne zu sprechen, gingen sie zum Lager zurück.

Ohne Pinsel malt
die Weide den Wind.

Saryu

Der Eimer eines Kriegers

Es war Abend, als die Schüler sich im Kreis um das kleine Lagerfeuer versammelten. Die heiße Sonne war verschwunden; die sengende Hitze des Tages hatte nachgelassen. Die Schüler waren sich der angenehmen Gerüche wohl bewußt: Kiefern, Gräser, Blumen – selbst der weite Fluß, der am Lager vorbeifloß – alles roch frisch und rein. Ein paar Minuten lang saßen sie ganz ruhig da, und jeder fragte sich, was nun als nächstes geschehen würde. Von anderen, deren Mut und Geschicklichkeit oft getestet worden waren, hatten sie viele Geschichten gehört. Die Schüler saßen mitten auf einer Wiese, die von Bäumen umgeben war. Am blauschwarzen Himmel stand ein voller Mond, der die Landschaft in einen sanften weißen Schimmer tauchte. Eine der Schülerinnen träumte mit offenen Augen von dem, was nun geschehen könnte, als sie plötzlich jemanden hinter sich spürte und etwas ihre rechte Schulter berührte. Die Schülerin sprang auf und drehte sich schnell um. Da stand ein sehr großer Mann mit weißem Bart und kahlem Schädel hinter ihr. In seiner Hand hielt er ein langes *shinai,* das mit der Spitze auf sie zeigte. Die Schülerin hob den Blick und schaute in ein strenges, aber offenes Gesicht. Der Mann trug ein *Karate-gi* und darüber die traditionelle, förmlichere *hakama.*

Auf der gegenüberliegenden Seite der Runde war eine dunkelhäutige und dunkelhaarige ältere Frau erschienen. Sie trug die gleiche Kleidung wie der Mann und hielt ein gesenktes *shinai* in der Hand. In ihrem *gi* und ihrer *hakama* sah sie stark und schön aus. Die Schüler wurden gebeten, aufzustehen und sich zu verbeugen, als sich diese beiden älteren Lehrer zu ihnen gesellten. Während die Lehrer die Verbeugung der Schüler erwiderten, musterten ihre Augen jeden einzelnen aufmerksam. Dann setzten sich alle. Eine Stunde schien zu vergehen, ohne daß ein Wort fiel. Zuerst genierten sich die Schüler und wollten etwas sagen – irgend etwas! Das Schweigen wurde

23

ihnen fast unerträglich. Gedanken jagten ihnen durch den Kopf. *Was werden wir nun tun? Wann werden wir endlich etwas sagen?*

Plötzlich wurde das Schweigen von einem der Lehrer unterbrochen: «Wer von euch tut mir den Gefallen und holt mir einen halben Eimer voll Wasser aus dem Fluß?» Er hielt einen Eimer in der ausgestreckten Hand. Ohne zu überlegen, stand die Schülerin auf und sagte: «Ich.» Sie ging auf den alten Mann zu. Er lächelte und gab ihr den Eimer.

«Gut, gut, junges Fräulein. Du bist sehr eifrig.» Während das Mädchen nach unten zum Fluß eilte, spürte sie die Augen der ganzen Gruppe auf sich gerichtet. *Warum habe ich mich gemeldet?* dachte sie. Sie hatte den Drang verspürt, das Schweigen zu brechen; sie würde etwas darum gegeben haben, um bloß wieder reden zu können! Als sie am Flußufer niederkniete und den Eimer ins Wasser tauchte, hätte die Strömung ihn beinahe mitgerissen. Das Wasser füllte den Eimer so schnell, daß es über den Rand lief. Der Eimer war nun so schwer, daß sie ihn nur mit Mühe aus dem Fluß ziehen konnte. Sie kippte ihn leicht und ließ die Hälfte des Wassers zurück in den Fluß laufen. Der helle Mond beleuchtete ihren Rückweg zu der wartenden Gruppe. Mit dem schweren Eimer ging sie so einseitig schief, daß Wasser herausschwappte.

Was will er wohl mit dem Wasser? Werden wir es trinken? Oder kommt jetzt einer der ‹Tests›, von denen ich gehört habe? Diese Gedanken wirbelten durch den Kopf des Mädchens. Sie setzte den Eimer vor den beiden Lehrern nieder. Der Mann gab der Frau ein Zeichen. Diese schüttelte ablehnend den Kopf und zeigte dann auf ihn. Er schaute die Schüler an, besonders das Mädchen, das ihm das Wasser vom Fluß geholt hatte, und begann langsam den rechten Ärmel seines *gi* hochzukrempeln. Alle Schüler fragten sich, was nun geschehen würde. Dann hob der Lehrer seinen Arm über den Eimer und ließ ihn langsam sinken, bis seine Hand darin verschwunden war. Als er darin herumzurühren begann, spritzte das Wasser auf die Erde, und er lächelte dabei. Das Mädchen konnte sich nicht länger beherrschen: «Sensei, entschuldigen Sie die Frage, aber warum machen Sie das?»

24

«Aus Spaß! Weil es so schön ist!» antwortete er ernsthaft und lachte dann. Das Denken im Kopf der Schülerin setzte plötzlich aus, als ob sie gegen eine Wand gerannt wäre. *Was?* – das war das einzige Wort, das ihr im Kopf klang.

«Mein Fräulein, von dort aus gibt es keinen Weg hierher», sagte er. Dann nahm er seinen Arm aus dem Wasser, stand auf und ging weg in den Wald.

Abgebrannt ist meine Scheune –
nichts behindert mehr den Blick
auf den hellen Mond.

Masahide

Die Zeit steht still

Das tägliche Übungsprogramm der Schüler im Lager bestand aus Meditation, Arbeit, Training und sogenanntem ‹geistigem Freistil›. Geistiger Freistil bezeichnete eine Zeit, die dazu bestimmt war, die geistige Wachheit und das Verständnis zu schärfen. Die Schüler hatten bald herausgefunden, daß dies der wichtigste Teil ihres Trainings war. Außerdem gab es noch eine Zeit für besondere Aktivitäten, zu denen die praktische Anwendung der Kampfkunst-Prinzipien gehörte.

Jeden Morgen wurden die Schüler von einer Glocke geweckt. Am ersten Morgen hörte der Junge sie im Schlaf. Ein fester, metallischer Schlag – dann breitete sich ein starker Klang wie Wellen auf einem See nach allen Seiten aus. Eins, zwei, drei – das Echo in den Bergen – eins, zwei, drei. Diese Serie von Glockenschlägen wurde dreimal wiederholt. Es war kein allzu starker Klang, doch stark genug, um im Schlaf gehört zu werden; seine Schwingungen drangen in die Träume des Jungen ein und brachten ihn zum Erwachen. Er lauschte auf das Echo und den reinen, metallischen Klang. Einen Moment lang gab es *nur* diesen Klang – und keinen Hörer. Es war ein Augenblick großen Friedens, doch dann begann der Junge sich zu fragen, was der Tag wohl bringen würde.

Sie trafen sich am Fluß. Beim Anblick der nebelverhangenen Berge in der frühen Morgensonne fühlte er sich so glücklich – wie ein kleines Kind im sicheren Heim. «Endlich daheim, endlich daheim,» sagte er leise zu sich selbst. *Was für eine Wohltat!* Ein Reiher stand still und reglos im Fluß – und hinter ihm eine Wand aus Kieferngrün. Der Reiher schien ganz selbstverständlich zu Wald und Fluß zu gehören. Der Junge konnte sich das eine nicht ohne das andere vorstellen. Ein Bild des Friedens.

Mit einem Schrei sprang der Junge plötzlich in den Gebirgsfluß. Man hatte ihnen zwar gesagt, daß sie schweigend baden sollten, aber das Wasser war so kalt, daß er den Schrei ganz spontan ausstieß. Ihm kam es vor, als sei ein eisiges Messer in ihn gedrungen – und dann fühlte er sich hellwach. Der Reiher hatte sich kein bißchen gerührt, als ob er spürte, daß das, was die Schüler taten, völlig natürlich wäre.

Nach diesem ersten frühmorgendlichen Bad trockneten sie sich ab und zogen ihre *gis* an. Es war ein Genuß für den Jungen, in seinem *gi* auf dem Steinpfad zu gehen und sich so sauber und frisch zu fühlen. Der köstliche Duft des Geißblatts erfüllte die Luft; er beugte sich über eine Blüte, um daran zu riechen. So, wie er sich im Klang der Glocke verloren hatte, so verlor er sich nun im Duft des Geißblatts. Für einen kurzen und doch endlosen Augenblick war er weit weg. Er konnte sich nicht erklären, was da mit ihm geschah und was er da fühlte – er war einfach nicht da. Da war nur das Geiß- blatt, der süße Duft der Blüte – nichts sonst.

Die lange Nacht –
des Wassers Rauschen
sagt dir, was ich denke.

Gochiku

Die hungrigen Tiger

Die Gruppe der Schüler hatte sich im kühlen Schatten des Waldes unter riesigen, prächtigen Kiefern versammelt, um den Geschichten ihres Lehrers zu lauschen:

«Einst zog ein Mann über Land und traf dabei auf einen Tiger. Der Mann ergriff die Flucht, und der Tiger jagte ihm nach. Als er zu einer Klippe kam, erfaßte er eine Schlingpflanze und schwang sich damit über den Abgrund. Der Tiger über ihm schnüffelte hungrig zu ihm hinab. Zitternd schaute der Mann in die Tiefe und erblickte dort einen zweiten Tiger, der ebenso ausgehungert nach oben starrte. Nur die Schlingpflanze hielt ihn von diesen beiden Bestien fern.

Da erschienen von irgendwoher plötzlich zwei Mäuse und begannen an der Schlingpflanze zu knabbern. In dieser Lage, mit dem einen hungrigen Tiger über sich und dem anderen unter sich, und mit den beiden Mäusen, die seine Rettungsleine durchnagten, bemerkte der Mann plötzlich direkt neben sich an der Felswand eine köstliche, reife Erdbeere. Während er sich mit der einen Hand an der Schlingpflanze festhielt, pflückte er die Erdbeere mit der anderen. Wie süß sie schmeckte!»

Einer der Lehrer sagte zu den Schülern: «All diese Geschichten sollen euch etwas zeigen, was nicht gezeigt werden kann, nämlich das Leere Ich.»

Jedesmal, wenn die Schüler etwas über den wahren Sinn der Kampfkunst, das Leere Ich, wissen wollten, gab man ihnen rätselhafte Antworten oder sogar neue Fragen. So hatte einer der Schüler einmal gefragt: «Sensei, was ist der Sinn der Kampfkunst? Woher kommt das Leere Ich?» Worauf der Lehrer erwiderte: «Und woher kommt diese Frage von dir?»

Von Land zu Land fliegen
die wilden Gänse zurück
ohne Kalender.

Shumpa

Die Prüfung mit dem wilden Pferd

«Heute wird euch ein wildes Pferd testen.» Mit diesen Worten führte die Lehrerin ihre drei ältesten Schüler zu einer engen Schlucht, in der ein wildes Pferd graste. Dort gab sie ihnen die Anweisung, die Schlucht zu durchqueren. Auf der anderen Seite wollte sie dann auf sie warten.

Der erste Schüler stand eine Weile still und begann dann vorsichtig in die Schlucht hineinzugehen. Nach einem Teil des Weges ging das wilde Pferd auf ihn los und schlug mit seinen Hufen aus. Geschickt wehrte der Junge den Angriff ab, indem er zur Seite sprang. So gelangte er auf die andere Seite.

Der nächste Schüler stand eine Weile am Eingang der Schlucht, tief in Gedanken versunken. Anstatt die Schlucht direkt zu betreten, entschloß er sich, an ihren Seitenwänden hochzusteigen und sie oberhalb des Pferdes zu umgehen. Das Pferd versuchte, auch diesen Schüler anzugreifen, aber er war dafür zu weit oben. So kam er ohne Schwierigkeiten an dem wilden Pferd vorbei auf die andere Seite der Schlucht.

Als dritte kam eine Schülerin. Auch sie stand lange am Eingang der Schlucht. Die Lehrerin und die beiden Jungen beobachteten sie vom anderen Ende her. Nach einer Weile setzte sich das Mädchen auf den Boden und begann zu spielen wie ein kleines Kind. Da näherte sich das wilde Pferd voller Neugierde dem Mädchen, das mit Stöckchen im Lehm spielte. Ruhig und sanft streckte es seine Hand aus und streichelte die Nase des Pferdes. Dann stand es langsam auf und tätschelte seinen Hals und seine Mähne. Das Pferd, das die Ruhe und Freundlichkeit des Mädchens fühlte, blieb ganz still stehen, als es sich auf seinen Rücken setzte. So ritt das Mädchen durch die Schlucht bis zu ihrem Ausgang, wo ihre Lehrerin und die beiden Jungen auf sie warteten.

Die Purpurwinde blüht nur eine Stunde lang,
und doch ist sie im Herzen nicht verschieden
von der gewaltig großen Kiefer,
die tausend lange Jahre lebt.

Matsunaga Teitiku

Das Wunder der Kampfkunst

An einem schönen Sommertag begaben sich alle Lehrer und Schüler gemeinsam in die nächste Stadt, um an einer besonderen Veranstaltung der dortigen Kampfkunstschule teilzunehmen. Von überall her waren die Leute gekommen, um das zu erleben, was ihnen als ‹Wunder und Geheimnis der Kampfkunst› angekündigt worden war. Die Schule in dieser Stadt hatte einen berühmten Meister der Kampfkunst eingeladen, der von weit her angereist war, um dieses unerklärliche Geheimnis zu demonstrieren.

Die Zuschauer hatten sich in Gruppen versammelt, die sich durch ihre Uniformen unterschieden und viele Kampfkunststile und -schulen vertraten. Die Luft vibrierte vor Erregung. Die Besucher wurden um Ruhe gebeten.

Der Gast betrat den Raum; er trug ein einfaches *Karate-gi* mit einem abgetragenen Schwarzgurt und setzte sich genau in der Mitte des Raumes auf ein Kissen. Er sah alt und stark aus.

Lange Zeit saß er einfach ganz ruhig da. Dann brach ein junger Mann das Schweigen und rief: «Sind Sie wirklich ein so großer Meister, daß Sie das wahre Geheimnis der Kampfkunst kennen? Sie sehen nicht wie jemand Besonderes aus. Mein Meister», so fuhr er in frechem Ton fort, «ist der größte Meister aller Zeiten. Auch wenn man ihm eine Hand auf den Rücken bindet, kann er noch zehn Männer besiegen. Er kann sogar Knochen mit seinen bloßen Händen brechen. Haben Sie auch solche Wunderkräfte, alter Mann?» versuchte ihn der Jüngere herauszufordern.

Der alte Meister lächelte über die Unverschämtheit des jungen Mannes und antwortete schlicht: «Vielleicht kann dein Lehrer solche Wunderdinge vorführen, aber ich kann damit nichts anfangen.» Der junge Mann schaute verdutzt. «Das ist nicht der Weg meiner Kampfkunst. Für mich ist das Wunder, daß ich esse, wenn ich hungrig bin, und trinke, wenn ich durstig bin.»

Die Blüten des Mohns —
wie sanft
sie fallen.

Etsujin

Der Himmel in einer wilden Blume

Sie waren aufs Land gefahren, weit weg vom Lager. Wie schon oft zuvor hatte der Lehrer drei Schüler zu einer Wanderung eingeladen. In der Natur zu sein bildete einen wichtigen Teil ihrer Ausbildung. Der Tag war warm und sonnig, die Luft hatte die Frische der ersten Sommertage. Sie wanderten ruhig durch die Landschaft, um die wilden Tiere nicht zu stören.

Als sie einen Wiesenstreifen mit leuchtend weißen Wildblumen erreichten, kniete der Lehrer sich nieder. Wenn man genauer hinschaute, konnte man im Inneren jeder Blüte ein wunderschönes, purpurfarbenes Muster erkennen. Diese Blumen standen sonst allein in ihrer Pracht, und keiner kam vorbei, um ihre Schönheit zu preisen. Der Lehrer holte eine Lupe hervor und hielt sie über eine der Blüten. Er forderte die Schüler auf, ganz genau in die Blüte zu schauen. Tief im Herzen der Blüte entdeckten sie eine winzige schwarzgelbe Spinne, die auf der dünnen Oberfläche eines Tautropfens schwebte.

«Oh, welch ein Wunder hier auf dieser Wiese mit den wilden Blumen!» rief der Lehrer aus. «Dies ist das Wesen der Schönheit, die Bedeutung des *karate-do,* des Leeren Ich!» Ein Gefühl der Zeitlosigkeit überkam sie, als sie auf diese kleine Blüte und ihren winzigen Bewohner auf dem Tautropfen hinabschauten. Der Geist wurde still.

Bald gelangten sie am Waldrand auf einen Hügelkamm und wanderten still unter den Kiefern weiter. Das Wehen des Windes durch die Bäume klang wie die Wellen des Ozeans.

«Könnt ihr es hören? Hört ihr das Meer in den Kiefern rauschen? Die Natur redet mit uns. Auch dies ist das Wesen des Leeren Ich, das Wesen der Kampfkunst.» Der Lehrer sprach mit sanfter und warmer Stimme.

In der Abenddämmerung kehrte die kleine Gruppe zurück. An diesem Abend sollten die Schüler noch mit ihrer Lehrerin zusammentreffen. Das

gab ihnen das Gefühl einer besonderen Wachheit, denn sie wußten, daß wieder eine Prüfung auf sie wartete. Während sie das Lager betraten, gingen gerade die Lichter an. Als sie die Haupthalle erreichten, sagte man ihnen, daß sie warten sollten, bis sie gerufen würden.

Als erste wurde das Mädchen hereingerufen. Als sie eintreten wollte, fiel ihr Blick auf eine Holzschale, die jemand vorsichtig oben auf den Eingangsvorhang plaziert hatte. Hätte sie den Vorhang geöffnet, wäre die Schale auf sie herabgefallen. Doch als sie das bemerkte, nahm sie die Schale herunter, betrat die Halle und setzte danach die Holzschale wieder auf ihren Platz über dem Eingang zurück.

Nun wurde der zweite Schüler hereingerufen. Als er den Vorhang aufzog, fiel die Schale herab – doch er fing sie auf und stellte sie wieder an ihren Platz.

Dann wurde der dritte und jüngste Schüler aufgerufen. Hastig schob er den Vorhang zur Seite, und die Schale fiel herab. «Autsch!» rief er aus und rieb seinen Kopf.

«Du bist zu achtlos, mein Junge. Deshalb mußt du in der ganzen nächsten Woche das Geschirr waschen. Das nächste Mal wirst du dann besser aufpassen.»

Der junge Schüler verbeugte sich vor seinen Lehrern und den Mitschülern. «Ich danke euch dafür, daß ihr mir etwas über *kara-te* beigebracht habt. Ich habe nicht nur von der Schönheit einer Wildblume und dem Wind in den Kiefern gelernt, sondern auch von einer ganz normalen Holzschale. Nun werde ich lernen, mit Bescheidenheit Geschirr zu waschen.»

Den wilden Gänsen fehlt die Absicht,
ihr Bild zu hinterlassen.
Dem Wasser steht es nicht im Sinn,
ihr Abbild zu empfangen.

Zenrin Kushu

Die Lektion von der Leerheit

Die junge Schülerin hatte die Kunst des *kara-te* sechs Jahre lang gelernt. Sie hatte mit sieben angefangen und war jetzt dreizehn. Während dieser sechs Jahre hatte sie die körperlichen Formen eifrig geübt und sich in diesem Teil des Trainings ausgezeichnet. Eines Tages wurde sie in das Sprechzimmer ihrer Lehrerin gerufen. Die Schülerin fragte sich, warum die Lehrerin sie zu sich bestellt habe. Vielleicht würde sie einen höheren Rang erhalten.

Lehrerin und Schülerin saßen sich einen Augenblick lang still gegenüber. «Liebes Mädchen», sagte die Lehrerin dann ganz höflich, «du warst immer eine ausgezeichnete Schülerin. Du hast die *katas* gut gelernt. Aber dies ist nur ein sehr kleiner Teil der Kunst des *kara-te*. Heute möchte ich dir das wahre Wesen dieser wunderbaren Kunst zeigen.»

Auf dem Tisch zwischen der Lehrerin und dem Mädchen lag ein reifer, roter Apfel.

«Hier ist ein Apfel, nimm ihn!»

«Ja, Sensei», antwortete die Schülerin.

«Brich ihn entzwei!»

«Er ist entzwei, Sensei.»

«Was siehst du da?»

«Ein paar kleine Kerne, Sensei.»

«Brich einen davon auf!»

«Er ist offen, Sensei.»

«Was siehst du da?»

«Überhaupt nichts.»

Die Lehrerin sagte: «Diese Leerheit, die du nicht siehst, ist der wahre Kern des Apfelbaums. Die Leerheit ist der Kern aller Dinge. Sie ist auch dein Kern, meine Liebe, denn alle Dinge entstehen daraus und kehren wieder dorthin zurück.»

«Bitte, erzählen sie mehr darüber, Sensei», bat die Schülerin.

Die Lehrerin gab dem Mädchen einen kleinen Beutel mit Salz und sagte: «Schütte dieses Salz in ein Glas Wasser, und komm morgen mit dem Glas wieder zu mir!»

Als das Mädchen am folgenden Tag zurückkam, sagte die Lehrerin: «Bring mir das Salz, das du ins Wasser geschüttet hast!»

Das Mädchen brachte der Lehrerin das Glas und sagte: «Das Salz ist verschwunden.»

«Probiere das Wasser am Rand des Glases, und sage mir, wie es schmeckt!»

«Salzig», meinte das Mädchen.

«Und in der Mitte?»

«Salzig.»

«Und am Boden?»

«Auch salzig.»

Die Lehrerin erklärte: «Wie dieses Salz im Wasser, so ist alles von allem durchdrungen; alles ist in allem enthalten, und das gilt auch für dich.»

Die junge Schülerin verbeugte sich vor ihrer Lehrerin und ging schweigend hinaus.

Während ich in Ruhe müßig sitze,
kommt der Frühling, und das Gras
wächst von allein.

Zenrin Kushu

Das leere Boot

Der Morgen graute, und die Vögel sangen ihre Lieder. Der schwache Nebel über dem See begann sich zu heben, um die ersten Sonnenstrahlen durchzulassen. An der Stelle, wo ein Bach in den See floß, stand deutlich erkennbar eine Biberburg, eine der Behausungen der Waldtiere. Ab und zu sprang ein Fisch aus dem Wasser; da wurde die spiegelglatte Oberfläche durchbrochen, und ein Wellengekräusel breitete sich aus, bis alles wieder in der Stille des Sees versank. Ein rotgeschwänzter Falke flog hoch über den Köpfen der Gruppe, und die kühle Morgenluft hatte etwas Weiches an sich.

«Stellt euch vor, ihr sitzt in einem Boot und rudert über diesen See», sagte der Lehrer mit sanfter Stimme, wobei er kaum das Schweigen übertönte, «und ein anderes, ein leeres Boot taucht aus dem Nichts auf und stößt beinahe mit eurem Boot zusammen. Würdet ihr beim Anblick dieses leeren Bootes in Wut geraten oder einfach den Kurs ändern, um den Zusammenstoß zu vermeiden?

Nun stellt euch vor, jemand würde in dem anderen Boot sitzen. Würdet ihr jener Person nicht zurufen, daß sie aufpassen solle? Und wenn jene Person nicht auf eure Rufe reagierte, würdet ihr dann nicht noch lauter schreien oder ihr sogar drohen? Beim Anblick des leeren Bootes ist kein Ärger in euch, aber wenn das Boot besetzt wäre, würdet ihr euch ärgern. Könnt ihr so durchs Leben gehen, als würdet ihr einem leeren Boot begegnen?»

Der Nebel stieg weiter, und der Falke stieß einen Schrei aus. Ein Gefühl großer Freude erfüllte die Natur, als ob Himmel und Erde kein Ende hätten. Das Herz öffnete sich, und die Gedanken kamen zur Ruhe.

«Sensei, wie kann ich *kara-te,* die Kunst des Leeren Ich, begreifen, und wo fange ich an?» meldete sich einer der Schüler.

«Hörst du den Schrei des Falken?»

«Ja.»

«Dann fange da an!»

In weiter Ferne konnte man eine Hütte erkennen, die sich an die grünen Berge schmiegte. Eine leichte Brise war aufgekommen und vertrieb den Nebel über dem See. Ein einsames Rotkehlchen zwitscherte seinen Morgenruf. Die frischen, nassen, grünen Wiesen waren mit leuchtend gelben Löwenzahnblüten übersät. Die Ordnung der Natur schien keine Zeit zu kennen. Die grünen Berge fielen sanft ab und zeichneten den Raum zwischen Himmel und Erde mit weichen Linien. Eine neugierige Ameise krabbelte über den Fuß des Lehrers.

«Sensei, was ist der Tod?»

«Wer stirbt?» antwortete der Lehrer.

«Aber ich habe Angst vor dem Sterben», sagte der Schüler.

«Sage mir, was der Tod nach deiner Meinung ist.»

«Er ist ein schwarzes Loch, ein dunkler Raum, ein großes Tor, das zufällt, das Ende von allem.»

Der Lehrer hatte seine Augen geschlossen und schien zu ruhen. «Woher weißt du, daß das, was du sagst, richtig ist?» fragte er sanft, als er die Augen öffnete.

«Das haben andere mir gesagt, Sensei.»

«Ist das der Tod? Ist der Tod nicht das Unbekannte? Was du mir über den Tod erzählst, ist das Bekannte, das, was dir die anderen erzählt haben. Und dies ist alles, was du weißt. Doch was ist nun der Tod?»

Nachdem er dies gehört hatte, verbeugte sich der Schüler.

Die Sonne erhob sich am Himmel, und die Schüler begannen ihre *katas* zu üben.

Als auf einen Schlag der Ziegel zerbrach,
war alles vergessen,
was jemals ich lernte.

Unbekannter Verfasser

Alltägliches kara-te

Die Schüler hatten sich zur abendlichen Gesprächsrunde in der Halle versammelt. Sie hatten den ganzen Tag lang ihre *kata*s geübt und waren ziemlich müde, freuten sich aber trotzdem auf diese Zeit. Sie würden mit ihren Lehrern über den Sinn des *kara-te* sprechen und auch darüber, wie sie diese Übung in ihrem Alltagsleben anwenden könnten.

In der Halle wurde es still, als die Lehrer hereinkamen. Sie setzten sich zu den Schülern und nickten zur Begrüßung. Draußen wehte ein heftiger Wind, und die Zweige der Kiefern scharrten und kratzten über die Wände. Wolken zogen rasch über den dunklen Himmel und verdeckten dabei immer wieder das Licht des Mondes. Ein Sturm zog auf.

Einer der neuen Schüler wandte sich an die Lehrer: «Ich bin von weit her gekommen, um die Kunst des *kara-te* von Ihnen zu lernen. Werden Sie mich bitte unterrichten?»

«Hast du schon gegessen?» erwiderte einer der Lehrer.

«Ja, Sensei, ich habe gerade fertiggegessen.»

«Gut», sagte der Lehrer. «Dann geh und wasch deine Schale!»

Im Grunde gleicht das Leben
einem Schmetterling –
wie immer das auch sei.

Soin

Gewinnen durch Verlieren

In jener Nacht donnerte es schrecklich. Jeder Schlag ließ die Schule erbeben. Dann ein gewaltiger Blitz! Der Himmel wurde hell wie am Tag. Der Blitz fuhr mit drei feurigen Strahlen gleichzeitig über den ganzen Himmel bis zur Erde. Der Regen prasselte aufs Dach. Die Schüler drückten ihre Gesichter gegen die Fenster, mit Gefühlen von Erregung, Angst und ehrfürchtiger Bewunderung.

Früher am Abend hatten die Schüler ihre *katas* gegen den schweren Regen und den starken Wind geübt. Immer wieder fielen sie dabei in den Matsch, der ihre *gis* schokoladebraun färbte. Block, Stoß, Kick – immer wiederholt, mit Wind und Regen als Gegnern. Der Regen peitschte ihre Körper und durchtränkte ihre *gis*. Bis zur Erschöpfung kämpften sie gegen die Elemente.

«Weiter, weiter», schrie der Lehrer, Wind und Regen übertönend. «Kämpft gegen den Wind, kämpft gegen den Regen!» Die Schüler kämpften weiter gegen den Sturm. «Nun dreht euch um und nehmt den Sturm von hinten! Geht mit ihm! Leistet keinen Widerstand! Macht euch die Kraft der Elemente zunutze!»

Die Schüler drehten sich um und ließen den Wind von hinten auf sich prallen. Sie übten ihre *katas* so lange weiter, bis die Erschöpfung schwand und ihre Lebensgeister sich regten. Da begannen auf einmal Wind und Regen mit ihnen zu üben; das stürmische Wetter wurde zu ihrem Verbündeten. Die Schüler hatten allen Widerstand aufgegeben; sie hatten sich selbst überwunden und gelernt, mit den Elementen zu tanzen. Und nun verstanden sie, was ‹Gewinnen durch Verlieren› bedeutet.

Wenn du gehst, dann sei das Gehen,
wenn du sitzt, dann sei das Sitzen –
und vor allem schwanke nicht.

Alter Spruch

Des Messers Schneide

«Wie trainiert ihr denn heute? Wollt ihr mit euch selbst tanzen oder gegen Gespenster kämpfen? Das ist kein richtiges *kara-te*. Um leer, ruhig und wachsam zu sein, braucht ihr die Herausforderung des Angriffs. Um solche Wachheit, solche Stille der Aufmerksamkeit zu erreichen, lernen wir diese Kunst. Sonst würdet ihr euch wie Traumtänzer bewegen. Die meisten Menschen leben wie Schlafwandler, denn sie bemerken nicht, was wirklich um sie herum vorgeht, weil sie nur mit sich selbst und ihren Vergnügungen beschäftigt sind», sagte der Lehrer mit Nachdruck.

Dies sollte der Morgen sein, an dem das größte Abenteuer für die Schüler begann. Der Tag war heiß und still. Die Wasserfläche des Sees spiegelte die Sonnenstrahlen, und ganze Mückenschwärme tanzten in der Luft. Das Gras unter den Füßen fühlte sich dürr und brüchig an.

«Von jetzt an müßt ihr ständig auf der Hut sein und mit Angriffen rechnen, bis wir euch sagen, daß es reicht. Wenn ihr es am wenigsten erwartet, werden wir auftauchen, um euch mit unseren Bambusschwertern zu schlagen. Habt ihr das begriffen?»

«Ja», antworteten die Schüler zögernd.

Während sich die Schüler an ihr tägliches Trainings- und Arbeitsprogramm machten, bereiteten sie sich innerlich auf die Angriffe vor. Eine merkwürdige Spannung lag über dem Lager. Der Morgen kam und ging. Am Nachmittag nahm die Hitze noch zu. Sogar die Vögel hatten zu singen aufgehört; die Tiere ruhten an kühlen Stellen in der Tiefe des Waldes. Der Nachmittag ging in die Abenddämmerung über, aber noch war nichts Bemerkenswertes geschehen.

«War das bloß ein Scherz?» fragte ein Junge seinen Freund beim Abendessen.

«Vielleicht wollten sie uns nur erschrecken», antwortete dieser.

Als die beiden nach dem Abendessen das Geschirr spülten, bemerkten sie plötzlich etwas hinter sich. Zu spät, um sich umzudrehen. Schon spürten sie einen scharfen Schlag auf ihren Schultern. Bevor sie richtig zu sich kommen konnten, schloß sich die Tür hinter ihnen; der Raum war nun wieder leer bis auf die beiden Schüler, die sich die schmerzenden Schultern hielten. Sie waren verdutzt und wie gelähmt von dem Schreck, aber nicht verletzt.

Als die Schüler nachts in ihren Betten lagen, hörten sie ein leises Knarren. Dann plötzlich Schreie im Dunkeln. «Autsch!» «Ah!» «Aua!» tönte es überrascht und schockiert. Einer rannte zum Lichtschalter, und als es hell wurde, konnte man im Schlafraum sechs Schüler sehen, die herumliefen und sich die schmerzenden Stellen rieben.

«Oh, das brennt!» rief einer von ihnen aus. «Au, tut das weh!» klagte ein anderer. Sie suchten überall nach den Übeltätern, aber da war keiner zu finden. Nur die Ausgangstür schwang leicht hin und her.

Diese Angriffe gingen ständig weiter, nicht nur tagsüber, sondern auch Nacht für Nacht. Nach einer Woche hatten die Schüler wirklich genug. Sie beschlossen, in der Nacht so zu tun, als würden sie schlafen, sich in Wirklichkeit aber auf den Angriff vorzubereiten.

Kurz nach Mitternacht hörten sie das knarrende Geräusch von Schritten, die über den Holzboden gingen.

«*KIAI!*» schrien sie, als sie in voller Karate-Kleidung aufsprangen. Einige hatten am Licht gewacht und es gerade in diesem Moment angemacht.

«Guten Abend, ihr Lieben. Was haltet ihr von Tee und Gebäck nach euren langen und beschwerlichen Kämpfen?» sagte einer der Lehrer, der ein Tablett mit Gebäck und einer großen Teekanne mitgebracht hatte.

Alle lachten herzlich, setzten sich zusammen und genossen ihren nächtlichen Imbiß.

Die Angriffe gingen auch während der nächsten Tage und Nächte wei-

ter, aber nun empfingen die Schüler ihre Angreifer mit richtigen Abwehrtechniken gegen die Bambusschwerter. Sie wurden dabei so gut, daß sie jeden Angriff der Lehrer abwehren konnten.

«Jetzt lebt ihr das Leere Ich wirklich. Ihr seid aus eurem Traum erwacht und lebt auf der Messerschneide der Aufmerksamkeit. Aber ich muß euch warnen», mahnte der Lehrer, «paßt auf! Da steht jemand hinter euch.»

Im Juni nichts als Regen –
und eines Abends dann verstohlen
durch die Kiefern der Mond.

Ryota

Schwarzgurt für einen Tag

Ein Kolibri hatte sich in den Vorraum des Schulgebäudes verflogen. Bei dem Versuch, seinem Gefängnis zu entfliehen, schoß er wie wild hin und her und sauste gegen die Schiebetür, die Flügel in rasendem Wirbel.

«Oh, du kleiner Vogel, hab keine Angst», sagte der Lehrer ganz freundlich, als er in den Vorraum hinausging. «Sei ruhig, niemand wird dir weh tun. Halt nur einen Moment still, damit ich dir helfen kann!»

Der Lehrer begann eine sanfte Melodie zu summen, als er sich dem Kolibri näherte. Der Vogel hatte sich auf eine Hängepflanze gesetzt. Langsam ging der Lehrer zu der Pflanze und nahm den Vogel so vorsichtig wie möglich in die Hand.

In seiner Hand konnte er die gewaltige Energie des winzigen Vogels spüren, die Energie eines vibrierenden Lebewesens, das für einen Augenblick der Hand, die es gefangen hielt, zu vertrauen schien. Dies war reine, geballte Lebenskraft – ganz außerordentlich!

Er ging mit dem Kolibri hinüber zur Schiebetür und öffnete sie mit der freien Hand. Langsam hob er die Hand, die den Vogel hielt, und löste seinen sanften Griff. Der Kolibri verweilte noch einen Augenblick auf der Hand des Lehrers, bevor er mit erstaunlicher Geschwindigkeit wie ein Pfeil davonflog. In einem wahren Energiewirbel schoß er durch den Blumengarten neben der Schule hin und her und dann hinaus ins freie Feld.

Der Lehrer winkte dem Vogel zum Abschied nach und kehrte in den Raum zurück, in dem die Schüler saßen. «Wer von euch möchte heute Schwarzgurt sein?»

Im ganzen Raum flogen die Hände in die Höhe und fuchtelten ganz aufgeregt in Erwartung eines so begehrten Ziels – jenes magischen, mächtigen Symbols, auf das sich der Ehrgeiz aller Kampfsportler richtet.

«Komm her zu mir, junger Mann», forderte der Lehrer einen Jungen in

der vordersten Reihe auf. Aus einem Beutel neben sich nahm er einen Gürtel und band ihn dem Schüler um. «Heute bist du Schwarzgurt für einen Tag. Jetzt wollen wir trainieren», bestimmte der Lehrer.

Die Assistenten stellten alle Schüler zusammen mit dem neuen Schwarzgurt in Reihen auf. In der nächsten Stunde trainierten sie mit voller Kraft, besonders der junge Mann, der das neue Symbol seiner Stärke trug. Nach dem Training forderte der Lehrer alle wieder zum Sitzen auf.

«So, wie hast du dich gefühlt, junger Mann?» fragte er ihn und schaute ihm dabei in die Augen.

«Ich fühlte mich stark! Ein Gefühl, als könnte ich gegen zehn erwachsene Männer kämpfen», antwortete er voller Energie.

«Und was hat dir all diese Kraft gegeben?»

«Der schwarze Gürtel», erwiderte er stolz.

Der Lehrer stand auf, löste seinen Gürtel und hielt ihn in die Höhe. «Was seht ihr da?»

Auf seine Frage hin schossen viele Hände in die Höhe.

«Kraft!»

«Stärke!»

«Weisheit!»

«Energie!»

Alle riefen sie durcheinander.

Von ganz hinten meldete sich ein Junge: «Sensei, ich sehe bloß ein Stück schwarzen Stoff.»

«Und wo kommt diese große Kraft dann her, wenn dies bloß ein Stück schwarzer Stoff ist?» fragte er diesen Schüler.

«Aus unserem Geist, aus den Vorstellungen, die wir mit diesem Stück Stoff verbinden.»

«Und ist dies wahre Kraft, wahre Stärke, wahres Wissen?» fragte der Lehrer weiter.

Die Schüler saßen einen Moment lang still, bevor einer von ihnen antwortete: «Nein, Sensei, das ist leere Kraft, das ist falsches Wissen. In einem Stück schwarzen Stoff steckt keine Kraft.»

«Wozu trägt man dann einen Gürtel?» fragte der Lehrer.

«Um die Hosen zu halten», rief einer der Schüler aus. Da lachten sie alle, daß ihnen die Tränen kamen.

Wie herrlich anzuschauen:
durch das Loch im Papierfenster
die Milchstraße.

Issa

Die einfache Lehre des Wassers

Die Schüler wurden in der Haupthalle zusammengerufen. «Heute werdet ihr eine einfache und doch tiefe Lektion lernen. Sie ist so leicht, daß sogar ein kleines Kind sie begreifen kann», sagte der Meister. «Ich möchte, daß ihr euch einen Partner sucht, oder ich werde euch einen geben.» Einige Schüler rannten zu ihren Freunden, während die Schüchternen herumgingen, ohne wirklich jemand zu suchen. Nach einer Weile standen aber dann doch alle in Paaren da.

«Bestimmt jetzt einen Blinden in jedem Paar. Einer von euch bekommt eine Augenbinde», sagte der Lehrer, «und der andere wird ihn führen.» Dann wurden einem Schüler in jedem Paar die Augen verbunden. «Für euch Führer habe ich einen Pfad bestimmt, auf dem ihr eure blinden Partner führen sollt. Könnt ihr die verschiedenen Markierungen sehen, die ich im Raum verteilt habe?» Die Führer schauten sich den markierten Pfad an.

«Das Spiel ist sehr einfach. Euer Partner wird euch zu verschiedenen Dingen führen, die ihr dann berühren sollt. Keine Angst, ihr müßt dabei nichts Gefährliches anfassen. Alles ist sicher. Nun gut, vielleicht sind ein oder zwei gruselige Sachen dabei.» Ein paar Schüler erschauerten bei dem Gedanken an das, was da vielleicht auf sie zukam.

Während die ‹Blinden› langsam in der großen Halle herumgeführt wurden, betastete jeder von ihnen das, was ihn sein Führer anfassen ließ. Gelegentlich durchbrach ein Aufschrei die Stille, wenn einer der Schüler mit einem für ihn überraschenden oder erschreckenden Gegenstand in Kontakt gekommen war. Das machte diese Lektion aber um so spannender.

Alle möglichen Arten von Dingen gab es da mit dem Tastsinn zu entdekken – rauhe, glatte, schwammige, schlüpfrige, harte und weiche. Am Ende des Pfades stand eine große Schale voll Wasser. Jeder Schüler, der seine Hand in dieses Wasser tauchte, sprang vor Schreck in die Höhe. Am Ziel des Blindenpfades durften die Schüler ihre Augenbinden wieder abnehmen.

«Nun sollen diejenigen, die diesen Pfad gerade mit verbundenen Augen zurückgelegt haben, ihn noch einmal durchlaufen, nun aber ohne Augenbinde. Diesmal sollt ihr die Gegenstände anschauen und anfassen.»

Die Schüler taten wie geheißen und kamen am Ende des Pfades wieder zu der großen Schale mit Wasser. Jeder tauchte seine Hand ins Wasser, aber diesmal erschrak keiner.

«Setzt euch nun», forderte sie der Lehrer auf. Er gesellte sich zu der Gruppe, indem er sich mit gekreuzten Beinen auf dem Boden niederließ. «Nun berichtet mir von euren Erfahrungen!» Viele Schüler meldeten sich zu Wort, teils mit angenehmen, teils mit unangenehmen Erfahrungen.

«Wie habt ihr euch gefühlt, als ihr, ohne zu sehen, zum ersten Mal ins Wasser gefaßt habt?» fragte der Lehrer.

Alle Schüler erwiderten, daß das Wasser sie erschreckt habe und daß sie zurücksprangen, als sie es spürten.

«War denn das Wasser so heiß oder so kalt, daß ihr deshalb so erschrokken seid?» erkundigte sich der Lehrer.

«Nein», antwortete ein Schüler. «Es kam eben ganz überraschend. Wir haben nicht gewußt, daß es Wasser war.»

«Und bei der zweiten Runde, ohne die Augenbinde – hast du da genauso reagiert, als du das Wasser gespürt hast?» wollte der Lehrer wissen.

«Nein», antwortete der Junge.

«Warum nicht?» forschte der Lehrer.

«Weil ich wußte, daß es nur Wasser war. Ich sah es, bevor ich es spürte; deshalb hat es mich nicht erschreckt wie beim ersten Mal. Beim ersten Mal konnte ich es nicht sehen und wußte daher nicht, was es war. Beim zweiten Mal konnte ich sehen, was es war, und ich wußte, was mich erwartete», erwiderte er.

«Was könnt ihr aus dieser Lektion lernen – etwas, das sehr einfach und doch von großer Bedeutung ist, nicht nur für euer Leben, sondern auch für den Frieden in der Welt?» fragte der Lehrer ganz ernsthaft.

Die Schüler waren von dieser Frage verwirrt. *Was für einen Zusammenhang soll es bloß zwischen dem Kontakt mit Wasser und dem Weltfrieden geben?* dachten sie bei sich.

«Ich verstehe Ihre Frage nicht», erwiderte derselbe Junge. «Der einzige Unterschied zwischen diesen beiden Erfahrungen besteht für mich darin, daß wir beim ersten Mal nichts vom Wasser gewußt und es nicht erwartet haben. Deshalb waren wir alle auch so überrascht. Es war, als ob wir etwas zum ersten Mal berührt hätten. Das war eine völlig neue Erfahrung. Beim zweiten Mal heute morgen wußten wir, daß die Schale Wasser enthielt, und was wir zu erwarten hatten. Darum waren wir auch nicht überrascht.»

«So, zuerst hattest du kein Wissen und keine Erwartung, und deshalb hast du auf das Wasser so reagiert, als ob es etwas Neues für dich wäre. Das war ein ganz anderes Gefühl als beim zweiten Mal, als du *wußtest,* daß es sich um Wasser handelte. Da war deine Reaktion ganz normal. Könnt ihr erkennen, daß ihr es bei diesen beiden Erfahrungen mit unterschiedlichen Geisteszuständen zu tun habt?» fragte der Lehrer.

«Nun wollen wir über diese Lektion und ihre Anwendung im Alltag nachdenken. Wie oft sind die Dinge für euch so neu und außergewöhnlich wie damals, als ihr noch kleine Kinder wart? Wie vieles dagegen scheinen wir im Leben schon zu kennen – auf eine Art und Weise, welche uns die Dinge, Menschen und Orte leider alt, vertraut und leblos macht? Könnt ihr erkennen, wie wichtig es ist, frisch an das Leben heranzugehen, ohne die Last des Wissens aus der Vergangenheit?

Laßt uns nun einen großen Sprung machen und diese Erfahrung, die ihr gerade gemacht habt, auf euer eigenes Verhalten in mitmenschlichen Beziehungen anwenden. Wenn euer Geist an alten Erinnerungen festhält, vor allem an solchen, die mit Furcht und Verletzung zu tun haben, und jene Erfahrungen in neue Beziehungen überträgt, was geschieht dann? Euer Geist ist dann nicht mehr frisch und offen. Er ist mit Erinnerungen an Vergangenes belastet und daher beunruhigt und verwirrt. Die Übertragung eines Pro-

blems aus der Vergangenheit schafft nun neue Probleme in der Gegenwart. Wenn unser Geist nicht im Frieden ist, dann ist die Welt nicht friedlich; denn unsere Gedanken erzeugen unsere Taten, und unsere Taten erzeugen die Welt. Wenn das Denken im Alten, Toten und Vergangenen gefangen ist, was wird dann aus dem Wunder des gewöhnlichen Lebens? Können wir dann noch das Leben wie ein kleines Kind erfahren und uns wirklich darüber freuen, daß wir es jeden Moment neu erleben dürfen? Darum geht es im Grunde in den Kampfkünsten. Denn einen leeren Geist zu haben, einen Geist, der nicht mit vergangenen Hoffnungen, Ängsten, Verletzungen, Vorurteilen und Abneigungen angefüllt ist, bedeutet, einen Geist zu besitzen, der frei, friedlich und wahrhaft liebevoll sein kann. Denkt gründlich darüber nach, denn das ist die größte Lehre!

Unsere heutige Prüfung sollte uns auf einfache Weise zeigen, wie ein Geist, der in der Vergangenheit lebt, die Frische aus dem Leben vertreibt. Erkennt, wie der Geist dies auch auf andere Weise tut, wie er eine Sammlung von Erinnerungen anhäuft, aus denen dann ‹ich› und ‹du›, ‹wir› und ‹sie› werden – ein jeder mit seinen eigenen Vorstellungen vom Leben, die auf jenen Erinnerungen beruhen. Erkennt, wie das zu Konflikten führt, indem es uns voneinander trennt!

Beobachtet euren Geist und achtet darauf, was da geschieht, wie er diese Dinge speichert, besonders dann, wenn es sich um verletzte Gefühle handelt. Aus der Erinnerung ‹weiß ich, daß ich verletzt worden bin und daß ich mich zu schützen habe›. Und auch als Gruppe ‹erinnern wir uns, daß wir verletzt worden sind und daß wir uns zu schützen haben›. Könnt ihr sehen, wie gefährlich das ist und wie das in uns und draußen zu Streit und Krieg führt? Dies mag für euch schwer zu begreifen sein, aber es ist wirklich sehr wichtig. Ich erwarte nicht von euch, daß ihr das alles sofort versteht. Ich möchte euch aber dazu auffordern, damit zu beginnen, euren Geist zu beobachten – den Geist, welcher der Geist aller Menschen ist – und zu erkennen, wie durch bestimmte Erinnerungen Konflikte in Beziehungen entstehen. Fangt mit einfachen Beobachtungen an, so wie mit jener Schale voll Wasser, und geht von da aus weiter! Wenn ihr das tut, werdet ihr die Wurzel von Gewalt und Konflikt unter den Menschen entdecken, denn sie liegt in euch selbst. Wir schaffen uns unsere Welt selbst; wir sind die Welt. Wenn unser Geist von Furcht, Verletzung, Ärger und Haß erfüllt ist, dann bringen wir das auch in die Welt. Können wir den Geist von all diesem unnützen Wissen befreien? Dann werden wir die Kunst des Leeren Ich wahrhaft leben. Denkt tief darüber nach, denn dies ist die größte Lehre!»

Schüler und Lehrer verbeugten sich voreinander, und damit war der Unterricht zu Ende.

Mit frisch gezogener Rübe,
so weist uns der Bauer den Weg.

Issa

Ein Treffen – eine Chance

Die Schüler hatten den ganzen Morgen im Schulgarten gearbeitet. Unter ihren bloßen Füßen fühlte sich die dunkelbraune Erde weich und kühl an. Eine Schülerin, die am Boden kniete und mit ihren Händen in der Erde grub, rief auf einmal: «Oh, schaut mal die da!» Dabei hielt sie eine große, braune Kartoffel in die Höhe, an der noch eine kleinere hing.

Bis auf Weizen und Reis, die sie in der Stadt kauften, versorgten sich die Schüler aus dem eigenen Garten: mit frischem Kohl, Karotten, Rüben, Salat, Erbsen und einer Menge von Kürbissen. Das Gemüse selbst im Biogarten anzubauen, war für sie eine neue Erfahrung im Umgang mit der Nahrung. Draußen in der Natur schmeckte das Essen ganz anders – so frisch und gesund.

Jeder kam bei der Gartenarbeit an die Reihe, genau so wie beim Kochen und Putzen. Dies gehörte ganz selbstverständlich zum täglichen Leben in der Gemeinschaft und zu ihrem Trainingsprogramm.

In der Schule gab es zwei Katzen, die ein bequemes Leben führten. Oft fanden die Schüler sie zusammengerollt und schlafend an den seltsamsten Plätzen – im alten Geräteschuppen, im Schließfach eines Schülers oder auf dem Fenstersims in der Morgensonne. Einer ihrer Lieblingsplätze war das Vordach der Übungshalle. Während die Schüler ihre *kata*s übten, pflegten die Katzen sich zu strecken, zu gähnen, sich zusammenzurollen oder halb über den Rand zu baumeln.

«Seht ihr, wie entspannt diese Katzen sind?» fragte der Lehrer die Schüler eines Tages in der Übungshalle. «Diese Art von Entspannung braucht ihr, um eure *kata*s gut zu üben. Wenn ihr angespannt seid, könnt ihr euch nicht richtig bewegen. Körper und Geist werden steif, weil ihr zu sehr auf Erfolg aus seid. Wenn ihr nur ans Gewinnen oder Verlieren

denkt, werdet ihr hart und verkrampft, und so verlieren eure Bewegungen die Anmut. Übt die Schönheit eurer *kata*s! Denkt nicht an Sieg oder Niederlage! In eurer Übung gibt es weder Anfang noch Ende. Die erste Bewegung ist auch die letzte. Versteht ihr das?»

Dann hob er ein Handtuch auf, das gerade da lag.

«Seht ihr, wie ich das Handtuch knallen lasse?» fragte er. «Könnt ihr den scharfen Knall bei diesem schnellen Schlag hören? Unmittelbar vor und nach dem Schlag ist das Handtuch entspannt. Nur am Punkt der Berührung oder in seiner Verlängerung sammelt sich eine starke Spannung. Genau so sollten eure Techniken sein: nur für einen kurzen Moment angespannt, gesammelt – und dann entspannt, entspannt, entspannt.»

Die Schüler übten ihre *kata*s weiter, während der Lehrer das Handtuch knallen ließ. Und die Katzen hatten sich in neue Schlafstellungen gerollt und lagen wie hingegossen da.

«Ihr strengt euch zu sehr an und doch nicht genug. Versteht ihr das?» unterbrach sie der Lehrer.

«Nein», sagte einer der jüngeren Schüler. «Sie sagen uns, daß wir uns entspannen und nicht zu sehr anstrengen sollen. Dann sagen Sie uns, daß wir nicht hart genug üben. Das verwirrt mich.»

«Ihr laßt nicht los. Ihr haltet zurück; ihr bremst eure Schläge ab. Keiner wird verletzt, wenn ihr euch an die Grenzen haltet, die ich euch gesetzt habe. Da Kontakt nicht erlaubt ist, sollte euch das die Freiheit geben, euch voll und ganz in jede Technik hineinzulegen. Ihr müßt über euch hinausgehen. Vielleicht versteht ihr jetzt nicht alles, was ich euch sage, aber das macht nichts. Hört einfach zu, ganz gleich, wie wenig oder auch nichts ihr zu verstehen scheint. Die Samen werden wachsen wie auf fruchtbarem Boden. Seid einfach offen wie ein Feld, das zur Aussaat bereit ist!»

Nun begann der Lehrer die Fauststöße zu zählen, während die Schüler fester und fester schlugen.

«Noch stärker, noch stärker!» kommandierte er. «Hundert Fauststöße, zweihundert Fauststöße!»

Der Schweiß floß in Strömen, so hart wurden nun die Fauststöße geübt, geübt und geübt.

«Schluß jetzt!» rief der Lehrer. «Hüpft auf der Stelle und lockert alles! Nehmt nun eure Kampfstellungen wieder ein! Jetzt wollen wir zehnmal ‹ein Treffen – eine Chance› üben. Jeder Schlag muß so sein, als sei es euer letzter. Ihr habt nur *eine* Chance. Beruhigt den Atem, beruhigt den Geist, entspannt euch, doch bleibt wachsam! Hört einfach auf meine Stimme, aber schaut nicht in meine Richtung. Gut, seid ihr bereit?»

Stille breitete sich in der Halle aus.

Die Katzen waren aufgewacht und blickten aufmerksam zu den Schülern hin – auch sie entspannt und bereit.

«Eins!»

«*KIAI!*» Der gesammelte Kampfschrei der Schüler ließ die Schule erbeben.

«Zwei!»

«*KIAI!*» Und wieder wackelten die Wände.

«Drei! Vier! Fünf!»

Einstimmig stießen die Schüler den *kiai* aus und ließen ihn immer stärker zu großer Kraft und Höhe anschwellen.

«Sechs! Sieben! Acht! Neun!»

Immer stärker wurden die Schläge; immer lauter erscholl der *kiai*.

«Dies ist jetzt eure letzte, eure einzige Chance. Ihr müßt jeden Rest von Widerstand völlig aufgeben. Ihr müßt die Mauer, die euch zurückhält, durchbrechen. Ihr müßt über euch hinausgehen!

Zehn!» schrie der Lehrer.

«*KIAI!*» Die Schüler antworteten in perfektem Einklang. Als der große Aufschrei sich gelegt hatte, vibrierte die Übungshalle vor Energie. Jeder war hellwach. Das Handtuch hatte geknallt und die große Kraft entfesselt.

Diese Kraft hatte nichts mit Gewalt zu tun. Sie war Leidenschaft, eine reine natürliche Energie wie Blitz oder Donner. Jeder stand ehrfürchtig still im Banne dieses besonderen Moments.

Die Sonne schien hell durch das Fenster, vor dem die Katzen gelegen hatten.

*Den Gegner ohne Kampf zu bezwingen
ist die höchste Kunst.*

Gichin Funakoshi

Wer ist der Gegner?

Als die Schüler schweigend durch den Wald gingen, kamen sie an ein Gehölz mit Birken, deren sich ablösende Rinde weiß schimmerte. Ein blaugefiederter Häher schoß aus den Birken hervor und flog rasch davon, um im dichten Wald auf der anderen Seite der Lichtung Schutz zu suchen. Die Hündin aus der Schule rannte vor der Gruppe her. Plötzlich hielt sie inne und hob schnuppernd die Nase. Sie senkte ihren Kopf, und ihr Rückenfell sträubte sich. Wie eine Löwin vor dem tödlichen Sprung schlich sie in gespannter Wachsamkeit und Lautlosigkeit vorwärts. Das Eichhörnchen sah sie offensichtlich nicht kommen. Die Hündin stoppte und stand reglos still. Eine Pfote vor die andere setzend, bewegte sie sich dann wieder langsam vorwärts, immer näher an ihre Beute heran.

«Beobachtet sie», flüsterte der Lehrer den Schülern zu. «Lernt von den beiden; jetzt sind sie eure Lehrer!»

Schritt um Schritt verringerte sich der Abstand zwischen der Hündin und dem Eichhörnchen. Dieses drehte der anschleichenden Hündin immer noch den Rücken zu. Die Augen der Hündin starrten gespannt auf das scheinbar ahnungslose Opfer. Plötzlich schoß das Eichhörnchen unvermittelt davon, während die Hündin mit geballter Kraft nach vorne schnellte. Mit langen, kraftvollen Sätzen näherte sie sich ihrer Beute. Kein rettender Baum war da, keine Zuflucht für das Eichhörnchen. Immer näher heran kam die Hündin zum tödlichen Biß. Dies war kein Spiel – vor aller Augen vollzog sich das tödliche Drama des Lebens: Tod oder Überleben. Und doch lag eine große Schönheit in dieser Jagd.

In dem Moment, als die Hündin es fast erreicht hatte, schlug das Eichhörnchen plötzlich einen Haken nach links und rannte zurück zu dem Kiefernwäldchen auf der anderen Seite der Lichtung. Die Hündin konnte nicht so schnell folgen; ihr Schwung trug sie über diesen plötzlichen Wendepunkt hinaus. Wenn auch langsamer im Drehen, jagte sie doch bald wieder hinter dem Eichhörnchen her. Die Haare wie eine Bürste über den ganzen Rücken gesträubt, den Schwanz gestreckt und die Ohren angelegt, sprang sie über die Lichtung und kam mit jedem Satz ihrer Beute gefährlich näher. Das Eichhörnchen raste wie wild auf die rettenden Bäume zu, dicht gefolgt von der Hündin. Kurz vor dem tödlichen Biß brachte es sich mit einem gewaltigen Sprung auf einem Baum in Sicherheit. Mit wütendem Gebell rannte die Hündin um den Baum herum, die Augen immer noch unverwandt auf ihre entflohene Beute gerichtet. Das Eichhörnchen gab schnalzende Laute von sich, schlug mit seinem buschigen Schweif hin und her und sprang von Ast zu Ast, während die Augen der Hündin seinen Fluchtweg verfolgten.

Als die Gruppe weiterging, drehte sich der Lehrer um und sagte: «Das Leben ist, wie es ist, weder gut noch schlecht. Da ist das Leben, und da ist der Tod. Das ist der Lauf der Dinge. Das Überleben des Eichhörnchens hängt von seiner Schnelligkeit und seiner Listigkeit ab. Euer Überleben hängt nicht wie bei den Tieren davon ab, wie gut ihr euch körperlich verteidigen könnt, sondern davon, wie gut ihr euch selbst erkennt. Wenn ihr die Gewalt in euch selbst erkennt, werdet ihr auch die Gewalt in der Welt erkennen, denn das ist ein und dasselbe.»

Der Lehrer und die Schüler gingen weiter auf dem Pfad. Zu ihrer Rechten strömte der Fluß. Schweigend dachten sie über das nach, was sie das Leben gerade gelehrt hatte. Die Hündin hatte sie wieder eingeholt und war ihnen vorausgerannt. Sie hielt inne, diesmal aber, um sich im kühlen, nassen Gras auf dem Rücken zu wälzen.

«Schaut hoch in den Himmel! Da ist der Falke, euer Freund – schaut, wie er fliegt, so lautlos, so mühelos. Sein Flug läßt keine Spur am Himmel zurück. Er bewegt sich voll und ganz im Augenblick, frei von Vergangenheit. Wir Menschen lassen überall Spuren zurück, die Last der Vergangenheit ständig mit uns herumtragend.

Die Menschen dürfen nicht an Träumen der Vergangenheit festhalten.

Sie müssen aufwachen: um die Schönheit des Lebens zu sehen, um sich selbst zu vergessen samt allen Nöten und Erinnerungen und um sich an dieser schönen Erde zu erfreuen. Aber weil sie schlafen, zerstören sie nur allzu oft die Erde und auch ihre Mitmenschen. Versteht ihr diese einfache Lektion, oder schlaft ihr auch?»

Die Schüler nickten zustimmend, denn bei diesen Wanderungen durfte nur der Lehrer sprechen. Sie gingen über eine Brücke. Unter ihnen floß das Wasser mit sanften Wellen auf einen See zu. Ein Backenhörnchen erschien auf einem modrigen Baumstamm und richtete sich auf. Als es die herannahende Gruppe bemerkte, verschwand es eilig im Unterholz. Am blauen Himmel über ihnen schwebten die Wolken wie große Wattekugeln.

Der Falke schrie: «Komm, komm.» Der Fluß murmelte: «Komm, komm.» Die Blumen lockten: «Komm, komm.» Die ganze Natur rief: «Komm, komm.» Der Zauber dieser Stunde sprengte die Enge des Denkens, und das Gewöhnliche weitete sich in das Ungewöhnliche.

«Liebe Schüler, wir Lehrer wollen euch helfen», sagte der Meister, als alle im Schatten der Kiefern beim Fluß rasteten, um sich zu erfrischen. «Die Welt ist voller Gefahren. Das ist die Herausforderung, der ihr euch stellen müßt. Hier können wir euch helfen, etwas über euch selbst und die Welt zu lernen. Der wahre Freund der Kampfkunst ist ein Mensch des Friedens – nicht ein Krieger, der sich immer schlägt und verteidigt. Er ist ein Mensch, der es versteht, auf einfache, sanfte und liebevolle Weise in dieser Welt zu leben. Man hat uns eingeredet, wir hätten Krieger zu sein – *Ninjas, Samurais,* Cowboys, Indianer oder Soldaten – auf einem Schlachtfeld. Das sind Kinderfantasien. Aber nur zu oft werden diese Fantasien von den Erwachsenen auf törichte und zerstörerische Art in die Tat umgesetzt.

Versteht ihr, was ich euch sage? Seid ihr fähig, diese einfache Wahrheit von einem guten und liebevollen Leben zu begreifen? Oder träumt auch ihr von großen Heldentaten? Das Leben, so wie es ist, ohne Illusionen und ohne falsches Heldentum, ist die wahre Herausforderung. Als ein Niemand zu leben ist die größte Kunst. Denn nichts ist leichter, als sich an den zahllosen egoistischen Träumen, welche euch die falschen Propheten anbieten, zu berauschen – um einen hohen Preis. Dieser Preis ist euer Leben, eure Gabe, im Wunder und in der Schönheit des Hier und Jetzt zu leben. Versteht ihr das? Denn in einem Leben als ein Niemand, im Geist der Leerheit, zeigt sich die Liebe.»

Schweigend saßen die Schüler eine ganze Weile zusammen und ließen die Worte ihres Lehrers in sich nachwirken. Bienen summten von Blüte zu Blüte und ließen sich von den leuchtenden, farbigen Blütenkelchen umfangen. Ein Kolibri, dessen winzige Flügel über hundertmal in der Sekunde schlagen, surrte vorbei und blieb mit wirbelnden Schwingen mitten in der Luft stehen. Sein Körper und der lange, schmale Schnabel schienen völlig still über einer Blüte zu verharren. Der Geist war ruhig. *Komm, komm!*

Eine alte Kiefer lehrt die Weisheit,
ein wilder Vogel schreit die Wahrheit.

Alter Spruch

Holz hacken, Wasser holen

Es war eine rabenschwarze, mondlose Nacht. Wie Diamanten funkelten Milliarden von Sternen am wolkenlosen Himmel, so weit entfernt, daß der Verstand dieses tiefe Geheimnis nicht fassen konnte. Das Universum – wie erhaben es ist!

Die Flammen des Lagerfeuers flackerten und tanzten, und mit jedem neu aufgelegten Holzscheit schoß ein Funkenregen in die Höhe. Die Schüler waren zusammengekommen, um die Erfahrungen ihrer Kampfkunst-Übung auszutauschen – diesmal nicht in körperlichem Training, sondern in ausgewählten Worten und Versen, die bei den Zuhörern ähnliche Gefühle auslösen sollten. Schweigend bereiteten sich alle auf das kommende Ereignis vor – das Geheimnis des Lebens, für einen kurzen Augenblick aufleuchtend, geteilt in seiner Flüchtigkeit.

Ein Mädchen sprach als erste:

«Liebe Freunde,
das Leben ist kein Problem, das es zu lösen gilt,
sondern ein Geheimnis, das ihr genießen sollt.»

Dann herrschte wieder Schweigen. Die Schatten nachdenklicher Gesichter tanzten im flackernden Licht des Feuers. Sonst nur Stille ringsum.
Eine andere Stimme, ein junger Mann:

«Im Waldesdunkel
fällt ein Kiefernzapfen –
das Geräusch des Wassers.»

Wie die Funken aus der Flamme stoben, nach oben flogen und sich in der Schwärze der Nacht verloren, so erhoben sich diese Worte, von allen gehört; dann sanken sie – wie die Funken – zurück, dorthin, von wo sie gekommen waren, ins Nichts.

«Oh, Kinder, schaut,
ein Adler hoch oben!
Die Rehe schlafen im Wald.»

«Hoch steigt der Drachen,
die Schnur zerreißt –
in dieser Nacht der volle Mond.»

«Blühende Pfirsichblüten,
bald reifen die Früchte.
Die Kinder spielen in der Sonne.»

Einer nach dem anderen erhoben sich die Schüler und drückten ihre Gefühle aus, die einen Augenblick zuvor noch in ihren Herzen geruht hatten. Jedes Gedicht war eine Botschaft an den Himmel. Und nach jedem Gedicht schienen die Sterne noch heller zu leuchten.

Dann herrschte wieder Schweigen. Das Feuer war langsam bis auf die schwelende Glut niedergebrannt. Seine intensive Hitze hatte sich in diesem Haufen glühender Asche gesammelt.

Der Lehrer sprach:

«Holz hacken, Wasser holen,
oh, welch ein Wunder!
Die Felder liegen braungelb da,
die dunkle Erde wartet auf die Saat.

Wie am weiten Himmel ist alles ohne Grenzen.
Alles ist am rechten Platz, so einfach und so offen.
Wenn du es wissen möchtest, kannst du es nicht haben.
Du kannst es niemals fangen,
doch kannst du es nie verlieren.
Unfähig es zu haben, hast du es.
Wenn du schweigst, dann spricht es;
wenn du sprichst, so ist es stumm.
Es ist zu klar und deshalb schwer zu sehen.
Was du willst, liegt stets genau vor dir,
denn es ist der Augenblick –
da gibt es keinen Ort zu finden und nichts zu tun.
Bald kommt der Schnee von Norden.»

Es war schon tiefe Nacht, als alle ins Bett gingen und in traumlosen Schlaf fielen.

Habe nur Vertrauen:
Fallen denn die Blütenblätter nicht
einfach so zu Boden?

Basho

Auf Leben und Tod

Dies war das Ereignis, auf das alle Schüler gewartet hatten. Keiner wagte, darüber zu reden, aber alle wußten, daß jeder dasselbe wünschte. Die Erregung wuchs, während die Stunden des Tages dem großen Ereignis ganz langsam näherrückten – einem Ereignis, das ihre Vorstellung von den Kampfkünsten verändern sollte.

Die täglichen Pflichten in der Schule wurden im Eiltempo erledigt, und wenn sich die Schüler auf dem Weg zu ihren verschiedenen Aufgaben begegneten, strahlten ihre Augen voller Vorfreude. An diesem Tag wurden keine *katas* geübt. Es gab auch keine Gesprächsrunde mit dem Lehrer. Nur die üblichen täglichen Arbeiten. Alles in der Schule mußte gründlich geputzt werden. Jede staubige Ecke und jeder verborgene Winkel sollten genau inspiziert werden.

Sogar die Hündin wurde gebadet. Die Katzen hatten sich versteckt, wohl aus Angst davor, ebenfalls so gescheuert und poliert zu werden wie die Wände und Möbel. Die Arbeit der Schüler wurde von den Assistenten kontrolliert. Mit scharfem Blick entdeckten sie mal etwas Schmutz hier, mal etwas Staub dort.

«Sauberkeit ist Achtsamkeit und Ordnung. Wenn ihr Ordnung in euer Leben bringen wollt, dann beginnt mit eurem Wäschefach», sagte einer der Assistenten.

Den Schülern machten diese Pflichten nichts mehr aus. Am Anfang hatten sie darüber gejammert, daß sie in ihren Zimmern für Sauberkeit und Ordnung zu sorgen hatten, aber nun freuten sie sich über die Schönheit, die sie dadurch geschaffen hatten. In einer der ersten Stunden hatte ihr Lehrer zu ihnen gesagt: «Bringt eure Schuhe her, und legt sie vor mir auf einen Haufen!»

Die Schüler rannten los, um ihre Schuhe, die an der Tür zur Übungshalle wie Kraut und Rüben durcheinanderlagen, zu holen. Sie brachten sie in den Raum und warfen sie einfach so vor ihrem Lehrer auf einen unordentlichen Haufen.

«Jetzt schließt eure Augen!» sagte der Lehrer zu den Schülern.

Während sie die Augen geschlossen hielten, warf der Lehrer die Schuhe noch mehr durcheinander, so daß kein Paar mehr zusammenlag.

«Nun öffnet die Augen! Findet schnell eure Schuhe!» befahl der Lehrer.

Die Schüler rannten los und drängelten sich um den Haufen; sie rempelten und stießen sich bei dem Versuch, ihre Schuhe zu finden. Da viele Schuhe ähnlich aussahen, war es schwierig, die passenden Paare zusammenzubringen.

«Schnell, schnell, findet eure Schuhe!»

Lange dauerte es, bis die schwitzenden und entnervten Schüler ihre Schuhe wieder vor sich stehen hatten.

«Nun, war das nicht ein toller Spaß? Das ging doch so einfach. Ja oder nein?» neckte sie der Lehrer.

«Nein», war die einstimmige Antwort.

«Versteht ihr jetzt, warum wir euch bitten, eure Schuhe am Eingang der Halle schön aufzureihen und damit zu zeigen, daß ihr euch um Ordnung bemüht? Ihr denkt, daß die Kunst des *kara-te* aus Faust- und Fußstößen besteht. Aber wir wissen, daß die Kunst des *kara-te* darin besteht, die Schuhe ordentlich aufzureihen – einfach so. Könnt ihr das verstehen?

Nun nehmt eure Schuhe und stellt sie am Eingang auf, mit Achtsamkeit und Sorgfalt – einfach so!»

Die Schüler taten wie geheißen.

«Nun kommt zurück! Setzt euch! Und schaut euch an, was ihr gerade gemacht habt! Was bedeutet das für euch? Und wie fühlt ihr euch nun, wenn ihr auf eure Schuhe schaut?»

«Ich fühle mich jetzt innerlich klarer», antwortete einer der Schüler nachdenklich.

«Die Schuhe sehen ordentlich aus, und das gibt mir ein gutes Gefühl», sagte ein anderer.

«So ist es», sagte der Lehrer. «Ihr habt eine weitere einfache und doch wichtige Lektion über das Leere Ich gelernt.»

Nun standen die Schuhe schön aufgereiht vor der großen Übungshalle – einfach so. Die Schüler kamen herein und setzten sich in Reihen auf den Boden, mit untergeschlagenen Beinen, bereit zur förmlichen Verbeugung. In der Mitte der Übungshalle befand sich eine große, freie, viereckige Fläche, deren Ränder rot markiert waren. Diese Fläche war ein einfacher Holzboden, den man durch jahrelange sorgfältige Pflege glatt und sauber poliert hatte.

Eine Glocke ertönte, und die Schüler setzten sich aufrecht hin. Von der gegenüberliegenden Seite des Raumes schritten die beiden Meister langsam in die Mitte zu dieser rot umgrenzten Fläche.

Die Schüler rückten zur Seite. Die Meister betraten die Fläche und knieten nieder, ihren Blick auf die Schüler gerichtet. Wieder ertönte die Glocke, und alle verbeugten sich gleichzeitig voreinander – die Schüler vor den Lehrern, die Lehrer vor den Schülern – in einer einzigen, harmonischen Bewegung.

Einer der Ausbilder erhob sich mit den Worten: «Heute abend habt ihr die Gelegenheit, eure Lehrer kämpfen zu sehen.»

Die Atmosphäre im Raum war wie elektrisch aufgeladen. Die Schüler hielten den Atem an.

Kampf! Unsere Lehrer! Aber dürfen die denn gegeneinander kämpfen? Verstößt das nicht gegen alles, was man uns gelehrt hat? fragten sie sich verwirrt.

«Und dieser Kampf geht auf Leben und Tod!» fügte der Ausbilder hinzu.

«Was? Nein! Tod?!» platzte es aus den Schülern heraus.

Verwirrung, Zweifel, Angst und große Aufregung herrschten in der Übungshalle.

«Liebe Schüler, ihr lest zu viele *Ninja*-Geschichten. Niemand wird verletzt. Für uns bedeutet Tod den Tod des Ich, nicht den Tod des Körpers. Wißt ihr inzwischen, was der Unterschied ist? Tod bedeutet für uns, sich leer zu machen von dem, was man ist – von allen Erinnerungen, Kränkungen, Verwirrungen und Ängsten, von der Gewalt des Ich, des Selbst. Ihr braucht keine Angst zu haben! Und doch nehmen es eure Lehrer ganz ernst. Dies ist ein Kampf auf Leben und Tod! Es ist kein Schaukampf. Es ist ein wirklicher Kampf. Es geht um Leben und Tod, die größte aller Herausforderungen, die letzte Prüfung unseres Könnens in Aktion.»

Nach diesen Worten beruhigten sich die Schüler wieder.

Tod des Ich? dachten sie. *Wie kann man das Ich im Kampf sterben lassen?*

Immer wieder hatte man zu ihnen vom Leeren Ich gesprochen. Man hatte es ihnen auf verschiedene Weise gezeigt, meist durch Beobachtung der Natur. Einige erinnerten sich daran, wie eine Katze in der Schule einmal eine Maus gefangen und grausam mit ihr gespielt hatte – in einem langsamen Todestanz. Sie hatten versucht, es zu verhindern, und die Natur als grausam empfunden. Aber sie erkannten, das dies einfach das Wesen der Natur war: Leben und Tod, untrennbar miteinander verbunden.

Ohne der Wirklichkeit des Todes voll ins Auge zu schauen, kann man nicht wirklich leben. Sie mußten sich von allen Vorstellungen von richtig und falsch, von gut und böse leer machen, um frei und natürlich zu leben. Sie hatten gelernt, daß spontanes, natürliches Tun mit echten und wahren Gefühlen verbunden ist und zu guten Ergebnissen führt. Aber noch nie hatte man ihnen das Leere Ich in einem ernsthaften Kampf zwischen zwei Menschen gezeigt.

Als sich die beiden Meister einander zuwandten, trat Stille ein.

Würde der Mann die Frau nicht überwältigen? Ist er nicht stärker als sie? Auch wenn sie beide Meister sind, ist der Mann nicht im Vorteil gegenüber der Frau? dachten die Schüler. Dies hatten sie sich insgeheim schon lange gefragt, und nun würden sie ja sehen.

105

Langsam erhoben sich die Meister, die Augen aufmerksam aufeinander gerichtet. Alle Blicke hingen gebannt an den beiden. Langsam und würdevoll verbeugten sich die Meister voreinander. Beide waren förmlich gekleidet – mit weißem *gi*-Oberteil und schwarzem *hakama*-Rock.

Sie gingen in Kampfstellung und standen sich wie zwei gewaltige Berge gegenüber.

Die Zeit schien stillzustehen, als sie sich gegenüberstanden. Es gab nicht einmal eine Spur von Unachtsamkeit. Ihre Blicke waren so fixiert, als wären sie eins. Es war unglaublich und doch so natürlich, wie damals, als die Hündin das Eichhörnchen erspäht hatte, bevor die Jagd begann.

Ganz langsam begannen die beiden Lehrer sich im Schneckentempo zu umkreisen, ohne sich auch nur für einen Moment die geringste Blöße zu geben. Dies war die große Lektion der ununterbrochenen Achtsamkeit. Diese absolute Intensität ließ keinerlei Raum für die Vergangenheit und ihre Ablenkungen. Es schien völlig unmöglich, diese Achtsamkeit auch nur im geringsten zu durchbrechen.

Es war wie eine in sich geschlossene, harmonische Bewegung, als würden die beiden in einem unglaublichen und doch so einfachen Ereignis zusammenwirken. Was da geschah, hatte nichts Magisches an sich, und doch hatte es die Schönheit und den Zauber dessen, was sich in der Natur ganz einfach und selbstverständlich ereignet.

Es kam zu keiner spektakulären Entfaltung übermenschlicher Kräfte: Keine Bretter, Backsteine, Eisblöcke, Steine oder Knochen, die von knotigen und gehärteten Händen zerschmettert wurden. Keine unglaublich hoch gesprungenen Fußstöße durch die Luft, wie von Sprungbrettern aus. Kein schauerliches Kampfgeschrei, das den Geist in Erregung und Schrecken versetzte.

Nichts außer einer völlig lautlosen, intensiven Spannung zwischen zwei Menschen, die in ihrem ganzen Wesen untrennbar zusammenwirkten.

Wahre Meisterschaft!

Nach einer Zeit, die allen ewig lang vorkam, nahmen die beiden Meister ihre Deckung herunter, ohne daß sie sich wirklich angegriffen hätten, und gingen wieder in die Ausgangsstellung.

Dann knieten sie nieder und verbeugten sich voreinander, bis ihre Stirnen den blankpolierten Holzboden berührten.

Es war vorbei. Und doch – es hatte gerade angefangen!

Der alte Teich
ein Frosch springt hinein –
das Geräusch des Wassers.

Basho

Des Rätsels Lösung

Nach einer weiteren stürmischen Nacht hatten sich die Schüler in der Halle versammelt. Der Sturmwind hatte Äste von den Bäumen gerissen. Ein paar Wolken schwebten noch am Morgenhimmel. Die Erde war vom Regen durchnäßt. Rein und frisch war die Luft. Die Sonne brach durch die Wolken und erwärmte die Erde.

Am Abend zuvor hatten sie unmittelbar vor Ausbruch des Sturms in der Haupthalle ihre *kata*s geübt. Mit Dutzenden von Kerzen hatten sie ihren Übungsraum festlich beleuchtet. Im Flackern des Kerzenlichts bewegten sie sich leicht und elegant durch den Raum und spielten mit ihren Schatten an der Wand.

Der Raum war sauber und trocken. Der Geruch von verbranntem Holz, von Schweiß und Kerzenwachs erfüllte noch die Luft mit einem seltsamen süßlich-stechenden Duft. Die Schüler erhoben und verbeugten sich, als ihre Lehrer hereinkamen. Eine Zeitlang saßen sie alle ganz still da und ließen ihren Geist zur Ruhe kommen.

Dann sprach einer der Lehrer: «Warum gibt es so viel Leid in der Welt? Warum bekämpfen und töten sich die Menschen? Wie könnt ihr als Kampfsportler mit Hilfe eurer Kunst friedlich leben? Habt ihr jemals ernsthaft über diese Fragen nachgedacht? Oder seid ihr erfüllt mit fantastischen Träumereien von Angriff und Verteidigung?» Die Schüler hörten still und aufmerksam zu.

«Wenn ihr von hier in euer normales Leben zurückkehrt, was werdet ihr dann mitnehmen? Welche Veränderungen wird dieses ganze Training in eurem Leben bewirken? Habt ihr begriffen, was wir euch lehren wollten?»

Ein Vogel sang vor dem Fenster. Die Katzen auf dem Fenstersims streckten sich, gähnten und legten sich dann wieder schlafen.

«Die Welt ist ein Labyrinth, und ihr müßt euren Weg darin finden, ohne euch zu verirren. Wie leicht verirrt man sich! Es gibt so viele falsche Wegzeichen, so viele Sackgassen, in denen man sich verlieren kann – sogar ein ganzes Leben lang. Dies ist kein Kinderspiel. Ihr werdet größer und älter, ihr müßt stark und tüchtig werden. Als Lehrer haben wir die Aufgabe, euch zu helfen, damit ihr euch selbst und die Welt versteht, und euch gewisse Fähigkeiten zu vermitteln – nicht bloß Lesen und Schreiben, sondern auch das friedliche Zusammenleben mit anderen. Wir hoffen, daß ihr eine Ahnung von alledem bekommen habt. Ich weiß, euer Aufenthalt hier war manchmal schwer. Wahrscheinlich war euch nicht immer klar, was wir euch zu zeigen versuchten. Aber das macht nichts, macht euch deshalb keine Gedanken. Hört einfach zu – eines Tages wird das alles einen Sinn bekommen. Haltet euren Geist einfach offen wie ein frisch gepflügtes Feld. Wenn euer Feld fruchtbar ist, wird die Saat wachsen.»

Die Schüler saßen ganz still da. Sie wußten, daß das, was da zu ihnen gesagt wurde, von großer Bedeutung für ihr Leben war, und daß ihre Lehrer ihnen wirklich helfen wollten. Die Schüler waren mit allen möglichen romantischen Vorstellungen von den Kampfkünsten hierher gekommen, mit dem großen Wunschtraum, wie einst die *Ninjas* oder *Samurais* große Krieger zu werden. Hier waren sie ein Stück reifer geworden, und ihr Geist war von neuer Weisheit erfüllt. Sie kannten nun die wahre Bedeutung des *kara-te* und der Kampfkunst.

«Bleibt Anfänger!» rief der Lehrer aus. «Was bedeutet die Vergangenheit für euch? Könnt ihr euch an eine Zeit des Zorns, der Sorge oder der Furcht erinnern? Wozu wäre das gut? Lebt im *Jetzt!* Laßt das Alte durch euch hindurchfließen wie einen Fluß. Seht es einfach an, und laßt dann los. Die Erinnerungen sind in euch, aber sie sollten euer Leben in der Gegenwart nicht beeinflussen. All diese Bilder in euch sind nicht mehr als dies: einfach nur Bilder. Sie können euch nichts mehr anhaben. Sie haben keinen Platz in eurem jetzigen Leben. Eure Erinnerungen sind alt, welk und tot. Dies zu verstehen ist wahre Meditation. Meditation bedeutet nicht, etwas immer und immer zu wiederholen. Das macht den Geist stumpf und schläfert ihn ein. Meditation bedeutet, wach zu sein, hinzuschauen, zu sehen. Und das könnt ihr ständig üben, wo immer ihr gerade seid. Haltet einfach inne – schaut und lauscht! Und wenn sich die alten Ängste wieder in euer Gehirn einschleichen, dann sagt nur ‹Hallo› und ‹Auf Wiedersehn›! Bewahrt den Anfängergeist!»

Den Schülern wurde es ganz warm ums Herz, so wie damals, als sie ihre Schuhe zum ersten Mal ordentlich an der Tür zur Übungshalle aufgestellt hatten – einfach so. Sie fühlten sich gesund, glücklich und, was am meisten zählte, geliebt. Doch der Gedanke an das bevorstehende Ende dieser besonderen Trainingszeit machte sie auch traurig.

«Weinen ist in Ordnung, wenn man traurig ist. Das ist genau so natürlich wie die Kirschblüten, die im Frühling vom Baum fallen», sagte die Lehrerin mit Tränen in den Augen.

Beide Lehrer weinten still zusammen mit den Schülern. Die Sonne kam ganz hinter den Wolken hervor, und ihre wärmenden Strahlen durchfluteten die Übungshalle.

«Ein Wort zum Schluß, liebe Schüler. Was ist es, das ihr nicht sehen, nicht hören und nicht festhalten könnt, das schweigt, wenn ihr sprecht, spricht, wenn ihr schweigt, und das ihr nur haben könnt, wenn ihr es nicht wollt? Antwortet, und ihr werdet es nicht wissen; antwortet nicht, und ihr werdet Dummköpfe sein!»

Mit diesen Worten schauten die Lehrer jedem einzelnen Schüler fest in die Augen.

«Könnt ihr mir nun sagen, was das Leere Ich bedeutet?»

Zwei ausgewählte ältere Schüler standen auf, gingen auf die Lehrer zu und streckten ihnen ihre Hände entgegen. Sie hielten jeder ein Sträuß-

chen Löwenzahn in den Händen: ganz gewöhnliche, liebliche, gelb leuchtende Wiesenblumen.

Die Lehrer nahmen die Blumen entgegen, standen auf, verbeugten sich und verließen den Übungsraum. Der Kurs war zu Ende, aber die Übung würde die Schüler durch ihr ganzes Leben begleiten.

Habe Geduld mit allem,
was ungelöst in deinem Herzen,
und lerne die Fragen
selbst zu lieben.

Rainer Maria Rilke

An die jungen Leser

Willkommen, ihr jungen Leser! Ihr habt gerade den ersten Band aus der Reihe ‹Erzählungen der Meister der Leeren Hand› gelesen. Mein Name ist Sensei Terrence Webster-Doyle; ich habe über 30 Jahre lang Kampfkünste geübt und gelehrt. In diesen Erzählungen möchte ich die Kampfkünste von einer anderen Seite zeigen – als eine umfassende Bemühung um die Bewältigung von Konflikten. Die Beschäftigung mit Kampfkunst soll euch dazu verhelfen, Konflikte – sowohl auf persönlicher als auch auf allgemeiner Ebene – besser zu verstehen und friedlich zu lösen.

Der Kern aller Kampfkünste ist das Leere Ich, ein Begriff, der von dem japanischen Wort *kara-te* kommt. Das Leere Ich beschreibt einen Zustand, in dem man frei von ichbezogenem Denken und Handeln ist; das heißt, frei von Selbstsucht, deren Wurzeln in der Furcht und im Überlebensinstinkt liegen. Ichbezogenheit bedeutet Trennung von anderen menschlichen Wesen – als Einzelner oder als gesellschaftliche Gruppe – und erzeugt ungeheure Konflikte in der Welt. Ichbezogenheit und Selbstsucht bilden die Wurzel unserer Konflikte, und bei der Übung der Kampfkünste geht es in erster Linie darum, diese Ichbezogenheit richtig zu verstehen.

Das Wort *kara-te* bedeutete ursprünglich ‹chinesische Hand›. Später wurde es als ‹leere Hand›, das heißt waffenlose Form der Kampfkunst, bekannt. Bei dieser Art der Selbstverteidigung benutzt man Techniken wie Blocks, Fauststöße, Fußstöße und Schläge, um sich vor Angriffen zu schützen. Die als Karate bezeichnete Form der körperlichen Selbstverteidigung entwickelte sich im Laufe der Zeit zu den verschiedenen Kampfstilen, die heute in China, Korea, Okinawa und Japan gelehrt werden.

Zu Anfang des 20. Jahrhunderts erkannte ein japanischer Karate-Meister namens Gichin Funakoshi (1871–1957), daß Karate mehr als eine Form körperlicher Selbstverteidigung ist. Er erkannte, daß die Übung des Karate Einsichten in Konflikte und Grundlagen für eine bewußte und friedliche Lebensführung vermitteln kann. Zu jener Zeit änderte der Begriff *kara-te* seine Bedeutung von ‹leerer Hand› in ‹Leeres Ich›.

Ich benutze den Begriff *kara-te* in einer Weise, die sich nicht nur auf das japanische Karate, sondern auf alle Formen der Kampfkunst anwenden läßt. Denn im Mittelpunkt jeder Art von Selbstverteidigung steht *kara-te*, das Leere Ich. Ganz gleich, ob euer Stil oder eure besondere Kampfkunst aus China, Korea, Japan, Okinawa oder anderen Ländern stammen, so geht es dabei im Grunde doch darum, das Leere Ich und damit das Ende der Konflikte zu entdecken. Alle, die ernsthaft Kampfkunst praktizieren, werden wirklich herausfinden, daß die Wurzel aller Konflikte in uns selbst liegt und ihren Ursprung in Ichbezogenheit und Furcht hat.

Manche Leute fragen sich: «Wie können die Kampfkünste Frieden schaffen? Geht es bei den Kampfkünsten nicht um Gewalt?» Laßt uns einen Augenblick darüber nachdenken. Wenn du zum Beispiel etwas über Ökologie lernen möchtest, kannst du die Umweltverschmutzung, ihre Wirkungen und ihre Ursachen untersuchen. Wenn du etwas über Gewalt und ihre Ursachen lernen willst, dann solltest du ebenfalls in der Lage sein, diese genau zu betrachten. Das bedeutet aber nicht, daß du zu einem Schlachtfeld reisen mußt! Du würdest jedoch nach einer echten Quelle suchen, um zu erforschen und zu entdecken, wie Gewalt entsteht – und die Kampfkünste liefern uns ein hervorragendes Mittel, um dies direkt zu untersuchen.

In tatsächlichen Kampfsituationen können die Kampfkünste großen Schaden anrichten; aber sie lassen sich auch zur Schaffung von Frieden einsetzen, indem sie den Menschen helfen, das besser zu verstehen, woraus Konflikt, Gewalt und Krieg entstehen. Wenn man wirklich begreift, was das Leere Ich bedeutet, dann gewinnt man auch eine tiefe Einsicht in die Wurzeln des Krieges – und zwar nicht durch Verstandesarbeit, wie beim Behalten einer naturwissenschaftlichen Formel, sondern dadurch, daß man das wirklich erlebt.

Ich habe dieses Buch geschrieben, um euch davon zu überzeugen, wie wichtig die Kunst des *kara-te* und alle Kampfkünste sind, wenn man Konflikte verstehen und Kriege beenden will – sowohl in uns selbst als auch draußen in der Welt. Hoffentlich habt ihr bei der Lektüre dieses Buches alles, was da geschrieben steht, in Frage gestellt; denn nur wenn ihr Fragen stellt, könnt ihr etwas für euch selbst herausfinden. Ihr seid eure eigenen Meister. In jedem von euch liegt die Fähigkeit, die Wahrheit zu erkennen und damit zu begreifen, was zur Beendigung von Gewalt, Konflikt und Krieg notwendig ist.

Das *Leere Ich* ist das Fundament aller Kampfkünste,
und im Herzen des *Leeren Ich* wohnt der Friede.

An die erwachsenen Leser

Die Geschichten in diesem Buch, die zum Teil aus der Tradition und zum Teil aus meiner eigenen Erfahrung stammen, sollen jungen Leuten Mittel und Wege aufzeigen, um das Wesen aller Kampfkünste, nämlich das Leere Ich, zu verstehen – Freiheit von Konflikten und der Gewalt, die aus diesen Konflikten entsteht. Alle diese Geschichten sind in dem Sinne wahr, daß sie von echtem Wert sind. Allzuoft geht es beim Training der Kampfkünste nur um gute Selbstverteidigungs-Techniken. Die Bedeutung solcher Fertigkeiten liegt darin, daß sie den Übenden helfen, das nötige Selbstvertrauen zu erwerben, um die üblichen automatischen, biologisch bedingten ‹Kampf- oder Flucht-Reaktionen› zu vermeiden. Haben sie dieses Selbstvertrauen erworben, können die Übenden dann zum Beispiel im Rollenspiel lernen, wie sie potentiell gefährliche Situationen durch den Einsatz kreativer und friedlicher Mittel bewältigen können. Wenn sie weniger Angst haben, verfügen die Kampfkunstschüler über die nötige Geistesgegenwart, um eine Vielzahl gewaltfreier Alternativen zu benutzen. Diese haben sie geübt, um mit Furcht und Aggression in anderen Menschen fertigzuwerden.

Darüber hinaus zeigt die Kunst des Leeren Ich den Übenden Methoden, mit deren Hilfe sie lernen können, ihren Geist und die festgefügten Ansichten, die wir alle haben, zu beobachten – solche Ansichten führen zu Konflikten in den zwischenmenschlichen Beziehungen und in der gesamten Welt. Durch die Übung einer Kampfkunst kann man jungen Menschen zu einem besseren Selbstverständnis verhelfen und ihnen so ein sensibles, interessantes und praktisches Mittel in die Hand geben, um die Natur und Struktur von Konflikten kennenzulernen. Es bietet sich damit die einzigartige Gelegenheit, für junge Menschen eine Umgebung zu schaffen, die ihnen zu gesunden und bewußten Beziehungen verhelfen kann. Viele Leute glauben, daß das Training einer Kampfkunst junge Menschen zu einer verstärkten Ausübung von Gewalt verleitet. Das mag in den Fällen zutreffen, wo der Unterricht sich auf körperliche Selbstverteidigung beschränkt. Wenn aber der junge Mensch mit der Ganzheit dessen, was eine Kampfkunst an körperlichem *und* an geistigem Training beinhaltet, in Berührung kommt, dann wird er Aggression besser verstehen und kreativ bewältigen können. Es gehört ganz wesentlich zum Kampfkunst-Training, Konflikte zu beobachten und aufzulösen, und nicht noch mehr Konflikte zu schaffen.

In meinem eigenen Unterricht ermutige ich die Übenden, ihr Gehirn zu benutzen, den stärksten ‹Muskel›, über den sie verfügen. Wenn sie einen höheren Rang im Karate anstreben, wird von ihnen nicht nur verlangt, ihre körperlichen Selbstverteidigungs-Formen zu demonstrieren, sondern auch ihr Verständnis des Leeren Ich in seiner Beziehung zu ihrem Alltag und zum Wohlbefinden des Einzelnen und der Allgemeinheit. Als Lehrer der Kampfkunst, Erzieher, Vater, Schulleiter und Berater habe ich herausgefunden, daß junge Menschen der angemessenen Anleitung zum rechten Selbstverständnis in menschlichen Beziehungen bedürfen. Nur allzuoft vernachlässigen wir Erwachsenen diesen Aspekt ihres Lebens, weil wir uns einseitig auf den Erwerb akademischen und intellektuellen Wissens konzentrieren. Den akademischen Fächern kommt natürlich ein wichtiger Platz in der Erziehung zu; wenn aber nicht ebensoviel Wert auf das Verständnis von Beziehungen gelegt wird, ist die Erziehung nicht im Gleichgewicht. Richtig gelehrt, können die Kampfkünste für junge Menschen eine ausgezeichnete Möglichkeit bieten, um – durch die (scheinbar widersprüchliche) friedliche Übung der Kunst des Leeren Ich – dieses Gleichgewicht herzustellen.

Über den Autor

Dr. Terrence Webster-Doyle ist der Gründer und Cheftrainer des Take Nami Do Karate und der Direktor des Shuhari Instituts, einer Schule für Kampfkünste. Er hat über 30 Jahre lang Karate geübt und gelehrt, ist Doktor der Psychologie sowie diplomierter Lehrer für höhere Schulen und Colleges. Der Schwarzgurt im japanischen Stil des Gensei Ryu Karate wurde ihm 1967 von Meister Numano verliehen. Er hat bei der Bekämpfung der Jugendkriminalität mitgearbeitet, an Hochschulen Erziehung, Psychologie und Philosophie gelehrt und Beratungsprogramme für Jugendliche entwickelt. Zur Zeit ist Dr. Webster-Doyle Direktor der Atrium Society, die zum Ziel hat, das Verständnis für zwischenmenschliche Beziehungen und ein friedvolles Zusammenleben zu fördern. Er und seine Frau Jean haben fünf Töchter.

Wenn Sie mit dem Autor in Kontakt treten möchten, wenden Sie sich bitte an folgende Adresse:

Atrium Society
P. O. Box 816
Middlebury, Vermont 05 753
USA
Tel.: (802) 388-0922
Fax: (822) 388-1027

Über den Künstler

Rod Cameron wurde 1948 in Chicago geboren, hat aber die längste Zeit seines Lebens in Südkalifornien gelebt. Er studierte Malerei bei dem namhaften Illustrator Keith Ward und an der Otis/Parsons Schule für Design in Los Angeles.

Rod Cameron hat über 20 Jahre als Zeichner und Illustrator gearbeitet. Seine Arbeiten wurden auf den größeren Fernsehkanälen gezeigt, und er wurde mit 17 Preisen für hervorragende Illustrationen ausgezeichnet.

Japanische Fachausdrücke

gi Kleidung, Anzug in den Kampfkünsten (*karate-gi* = Karate-anzug)

hakama weiter schwarzer Hosenrock, der (vor allem beim *Aikido* und *Kendo*) über der Hose des *gi* getragen wird

hara wörtlich: ‹Bauch›; (Körper)Mitte, (Kraft)Zentrum des Menschen

karate-do Weg (Methode) des *karate* (*do* = Weg, Lehre, Methode)

kata ‹Form›, d. h. festgelegte Abfolge von Techniken (wie eine ‹Pflichtübung› im Kunstturnen)

kiai Kampfschrei (aus dem *hara*; *ki* = Energie und *ai* = vereinigen)

Ninja wörtlich: ‹Schattenkrieger›; (für geheime Aufträge) besonders geschulte Einzelkämpfer (im alten Japan)

Samurai Ritter (im alten Japan)

Sensei (Anrede für) Meister, Lehrer [Aussprache «ssenssee-i»]

shinai Bambusschwert (das vor allem bei der Übung des *Kendo* benutzt wird)